JN038773

# わたしに合った「片づけ」ができる仕組みづくり

中里ひろこ
Hiroko Nakazato

講談社

# はじめに

いつかは、自分の家を片づけて好きになりたい。
ため息ばかりの家事に追われない暮らしがしたい。
そんな日が来るのは「いつかの未来」だと思っていませんか？

2020年のコロナ禍により、ステイホームが提唱され、「自分の家での暮らし」に向き合う時間が急激に増えました。家で家族が一緒に過ごす時間が増え、在宅仕事のためだけではなく、プライベートのスペースを確保するのに、「片づけ」を学び、住まい方を変えたいと考える方が増えたように思います。

今では、片づけの講師を仕事にしているわたしですが、10年前は朝から大騒ぎしながら子ども3人を学校に送り出した後、おもちゃ箱をひっくり返したような家を、時間に追われ、泣きそうになりながら片づけていました。また、数カ月後に夫の海外単身赴任がせまっていたこともあり、こんなにもうまく片づかない家での生活を、ひとりで回していかなければならない焦りや不安を感じていたのです。「この不安を解消するには、わたし一人ががんばるのには絶対に限界がくる。子どもたちができることを探し、協力して暮らしが回る仕組みを作らないと大変だ！」と気づき、試行錯誤を始めたころ出合ったのが、思考の整理から始める「ライフオーガナイズ」という整理術でした。

「片づけ」は、決して難しいことではありません。ただ、進める順番を間違うと、悪循環となり、いつまでたっても「片づいた」と思えないのです。誰に評価されるわけでもない家の片づけの答えは、家族とのコミュニケーションの中で見つかります。

この本では、「自分に合った片づけの仕組みづくり」と、子育て期から少しずつライフスタイルが変化し、広めの庭と家を手放して、コンパクトで片づけや家事のしやすい家づくりをしたわたし自身の工夫をお伝えしていきます。読者のみなさまが、試行錯誤で複雑にしてしまった片づけ方法から卒業し、ラクに片づけができるようお手伝いできたらと思います。

contents

## 2 「片づく家」の仕組みづくり

## 3 モノを増やさず、すっきり見せる工夫

## 4 家族の変化に合わせて家もチェンジ

# 1

# 自分に合う
# 「片づけ」の見つけ方

## ゴールがあるようでない、片づけ迷路からの脱出

今、お気に入りの自分時間はありますか？　わたしは、なにより自分の家で過ごす時間が大切で豊かに感じています。特別モノが多くも少なくもなく、自分にとってちょうどいい家で暮らしを楽しんでいます。

最近は、ＳＮＳを通じて多くの人の暮らしを垣間見ることができる時代になり、〝隣の芝生は青く見える〟ことで、自分の暮らしぶりに落ち込む人も増えているようです。でも、自分の「ちょうどいい」を知れば、不満も少なくなり、住まいを管理できる満足感が得られます。

今はそう思えるわたしも、結婚して約15年間、専業主婦として3人の男の子の子育てに追われていたときは、自分の暮らしぶりに「これでいいのだろうか」と悩み続けていました。家事は細切れになり、家の中は片づけてもなんだか中途半端な状態でストレスは溜まるばかり。子育てには家庭環境が大事だと思っているのに、すっきり片づかない

家にいらだち、テレビや雑誌の「片づけ特集」にヒントを求めるようになりました。今考えれば笑い話ですが、誌面で我が家と同じような家族構成、間取りの家はないかと真剣に探して、そこに「おすすめ」と書かれている収納システムを真似る、グッズの新情報を知れば買いに行く、そんな日々でした。しょっちゅう家具を移動させたり、収納場所を変えたりするため家族は混乱し、文句を言われる始末。結果、どの部屋も工夫されているけれど、すっきりと片づかない中途半端な状態で、「もっと時間に余裕があれば片づくのに……」と思っていたものです。

そんなある日、わたしにとって、唯一ひとりでホッとひと息つける「片づけに困っていない場所」があることに気づきます。それは、お手洗いでした。そこに置いてあるのは必要不可欠なモノのみで、散らかることはありません。窓辺に、お気に入りの草花を飾っているだけなのに、わたしにとってはとても心地よい場所だったのです。

「すっきり、清潔な空間にしておく」という自分の明確なゴールがあれば片づくと思えたことは、モノを収納グッズで隠すことばかりしていたわたしには驚きでした。このように人がつくった基準や、情報に踊らされていると気づいた時に、「思考から始める片づけ術＝ライフオーガナイズ」に出合い、一から片づけを学んでみようとライフオーガナイザー2級認定講座を受講しました。

## 見かけのいい収納が自分に合うとは限らない

「あなたは、どんな人生、どんな暮らしを送りたいですか？」

今まで、考えたこともない質問に驚いたのは、ライフオーガナイザー2級認定講座でのひとコマ。受講した当時のわたしはまだ手のかかる三兄弟のママであり、彼らの成長の流れに乗っていくのに必死で、日々目の前のことに追われていたので「自分が、どうありたいか」という視点で物事を考えることなどありませんでした。

「片づけても、片づけても、子どもたちが帰ってくると我が家は一気に散らかる！」と不満ばかりを抱えて受講していたわたしは、「どんな暮らしを送りたいのか？」と自分に問いかけて、それまで自分が思い描いている理想の空間は、きれいに片づいているけれど家族の姿がなかったことに初めて気づいたのです。

家族や自分のために、家をきれいにしたいと思っていたはずなのに、いつの間にか何もモノが出ていない空間が自分の中で「正解」となっていたようです。雑誌などの片づけ特集の写真には人影や生活感がないものが多いですよね。いくら美しい空間であっても、そこに家族の姿が浮かばなければ、なんの価値もありません。その日を境に、片づけのゴールが「モノトーンのような空間」から「家族が笑顔で過ごしている彩りある空間」へと全く違うものに変わりました。

ライフオーガナイズの片づけでは、最優先に考えるべきは「人」としています。自分や家族の暮らしを整えるための片づけなので、「わたしはどう思い、どう感じる？」だけでなく、家族にも「これ、どうかな？」と常に問いかけます。自分勝手な理想を押しつけず、そこで暮らす人にとっての使いやすさなどを大切にして家の仕組みを考えるのです。

ライフオーガナイズの基本理念ではニーチェの言葉を引用しています。

This is My Way.　これは私のやり方（方法）です。

What is Your Way?　あなたのやり方（方法）は何ですか？

The Way does not exist.　これと決まった正解（方法）はないのです。

この言葉を知り、わたしたちの暮らしに正解などなく、家族の成長に合わせて変化するライフステージに臨機応変に対応し、その時々の〝暮らしやすさ〟にアップデートしていいんだと思えるようになったのです。

# 「片づけが苦手」と感じるのには理由がある

「家の片づけが苦手!」と思う人が多い理由は、そもそも片づけ方を教えてもらっていないのに、片づけくらいできて当たり前だと思い込んでいる点にあるのではないでしょうか。「片づけができる家」にするためには、家族それぞれの思考や行動に寄り添った家の仕組みが必要になるので、時間がかかるのです。

ライフオーガナイズの片づけでは、〝あなた自身が片づけられる家の仕組みづくり〟の先に、日常の暮らしがあると考えます。仕組みづくりは、次の順にすることが大切です。

①思考の整理……今の自分にとって大切なことや時間などを明確にする。
②整理……①をふまえて、必要なモノを選び取る。
③収納……選び取ったモノの収納場所を決定し、収め方を考える。

多くの人が、①の思考の整理をせずに②や③から始めてしまいます。自分の基準があいまいだと、何が大切か考えずに「捨てること」にフォーカスしてしまったり、人の意見に頼ってしまうことになってしまいます。「わたしは家でどんな時間を大切に思い、過ごしたいのかな?」「どんな風な暮らしを実現したいかな?」など、自分の現在から少し未来まで見通し、どうするのかの方向性を考えます。

最近は、「モノが少なければよい」と思う人も増え、片づけの目的が「モノの量を減らすこと」になっているようです。毎日何か1つ捨てることを自分に課していたAさんは、家にあるモノが全部邪魔に思うようになったとき、家族に「自分たちも捨てられそう」と言われたことで、片づけの目的を見失っていることに気づかれました。また、片づけのプロに家を片づけてもらったBさんは、最新の収納グッズがきれいに並び、おしゃれな部屋になって喜んでいたのに、あっという間に生活感あふれる元の状態になったと落ち込まれていました。あれほど思い切って多くのモノを捨てたのに、すぐに収納場所からモノがあふれてしまったと。今まで片づかなかった理由を分析せず、片づいた空間だけを手に入れても、その状態を維持するのはむずかしいのです。

片づけやすい仕組みをつくるには、買い物の習慣や日常の片づけ癖が大きなヒントになります。暮らしやすさや片づけやすさは自分の実感でしかわかりません。片づけが苦手な人ほど、空間やモノを見るよりも先に今の自分を見つめることが大切なのです。

## 大切なことを選び取ると、「わたし」のあり方が見える

「片づけ」とひと言で言っても、「〝その一瞬をきれいにする〟片づけ」と「〝日常的に片づけやすい仕組みをつくる〟片づけ」の2つの解釈があります。ライフオーガナイズの整理術は後者です。暮らす人が主役の片づけやすい仕組みをつくることなので、テレビ番組のビフォー・アフターのように、住人がいない間に一気に片づけるような方法ではありません。また「まずは捨てる！」といったようにいきなり行動するのではなく、「まずは考える」ことから始めます。家の中が悩んでいる状況になったのには、必ず理由があります。その理由を分析するためには、そこに関わる「人、空間、モノ」それぞれを観察し、分析することが欠かせません。わたしもそうだったように、多くの人が部屋の使い方や家にあるモノに向き合うのですが、片づけのゴールを「モノが出ていなくて、すっきりした部屋」という一瞬の風景を切り取ったイメージにしがちで、そこで暮らす人のことを考えることを忘れてしまいます。

方向性を明確にするための思考の整理として「本当はどんな風に暮らしたい?」と、自分の想いに問いかけます。「どうせ無理」と思うのはNGです。思考整理はペンと紙さえあれば、すぐにできます。ぜひ、みなさんも「理想の暮らし」と「大切だと思うこと」「価値を感じること」を書き出してみてください。誰もが「本当はこうなったらいいのに……」と願っているはずなのに言語化できなかったり、思考停止してしまったりしますが、すぐに書けなくても大丈夫です。わたしたちは、日々の忙しさに追われ、自分の気持ちに気づくことさえ忘れてしまいます。少し時間をかけて、望みは何かを自分に問いかけ、書き出してみましょう。また、家族にも質問してみると、想像もしなかった気持ちを聞けるかもしれません。

片づける作業でモノに向き合うとき、自分の価値観を通してモノを選びます。自分の暮らしの方向性が明確になれば、それを実現するために必要な空間やモノも自ずと見えてくるはずです。特に家の中にモノが多い人に欠かせないのは、大切にしたい優先順位を決めることです。今、大切にしていることを書き出していくと、意外にも「過去の自分が大切にしていたこと」に囚われていると気づいたりします。価値観は変化していくものなので、常にアップデートするようにしましょう。自分を知る思考の整理は、大切なステップなのです。

# モノが増える理由に気づき、対策を考える

家をラクに片づけられるようにするためには、自分の思考や感情、行動の癖を知ることも大切です。長年自分と付き合っていると、考え方の癖や行動が簡単に変わらないことはわかっているはず。まずは、ありのままを知ることで、今の家の状態になった理由を分析するのがゴールへの近道です。

家が片づかない一番の理由は、モノの量が多すぎることです。過去から現在までを振り返り、なぜモノが増えたのかの理由を整理してみましょう。「単に買い物好き」「在庫不足が不安で多めに購入してしまう」「新しいモノが好き」「モノを捨てるのが苦手」「いただきものが多い」「あれば便利と思ってしまう」など、さまざまな理由があるはずです。まずは、モノが増える理由を考え、対策を考えます。

買い物が好きな人は、まず1週間、急ぎ以外の買い物をやめてみましょう。そうすれば、無意識に購入しているモノに気がついたり、どんなときに買い物に行きたくなるの

かという心理的な観察ができるのでおすすめです。食材や日用品など日常の買い物は、「ついつい行ってしまう」といった行動習慣になっている場合が多いのです。収納スペースと物量のバランスは家庭によって異なるので、家の中で増えがちなモノの必要な量を理解することが大切です。

また、モノが増えやすい人で意外に多いのが、人に気を遣い、断れないということ。「使わないから、あなた使って」「こんなのいくつあってもいいわよ」と言われて友人や家族から渡されると、断れずに受け取ってしまう。そしてそれらを長年処分できず部屋に置いてある人は、「わたしは断るのが苦手なんだ」と自覚し、いただいたモノの使い道や今後の断り方を考えておきましょう。

そして、苦手なことに意識が向きやすい真面目な人は、「苦手」を克服するための本や資料など情報収集に関連するモノが増えやすいようです。片づけが苦手な人の家には、整理収納、掃除、家事に関する本やグッズ、料理が苦手なら料理本やクッキングツール、英語が苦手なら英語教材が多く見られます。

これらは一例ですが、モノが増える理由を分析し、対応を考えておくことが、自分に合う「片づけ」を見つける第一歩。未来の自分を助けることになるのです。

# 自分を変えずに、仕組みを変える

片づけにストレスを感じるとき、収納スペースが足りないなど家の機能面への不満を持つと同時に、「自分を変えなくては」と思う人が多いようです。以前のわたしも、「片づけもできない自分が情けない」と思っていましたし、わたしの片づけ講座に参加される人も「今度こそは片づけられる自分になりたい」と言われます。

片づけられる人になるには、自分にとって片づけやすい仕組みをつくるのが一番の近道です。今、家の中で使いやすい場所はありますか？　そこには、きっと無理せずに自分が行動できるヒントがあるはずです。

これまで数々のお宅に片づけサポートで訪れましたが、その中で気がついたのは、多くの人が自分のお気に入りのモノは片づけられるということです。やはり、モノへの思い入れがあれば丁寧に扱うようになりますし、自分が片づけやすい場所を見つけられるようです。「自分はどうだろう？」と考えてみてください。モノを持つ基準は自分で明確にするしかありません。「まあ、これでいいか！」と、妥協したモノに囲まれた生活より、自分で納得して選んだモノとの暮らしこそ、理想の暮らしに近づくのです。

また、片づけやすさや収納へのこだわりも人によってかなり異なります。これも、自分を観察し、意識的に体感してみないと気づくことはできません。家族であっても、みんな違います。もちろん、身長や利き手によっても違うので、正解はひとつではないのです。

人は何か苦手なことがあると、克服したいと思ってしまいますが、人には得意、不得意があるものです。家の中こそ、ストレスを感じる苦手なことへのハードルを下げ、家族もラクに片づけられる仕組みを一緒に探せばよいのです。それこそが、自分らしい暮らしといえるのではないでしょうか。家の仕組みは、家族の等身大がベストです。

column

片づけスイッチ①

# 「利き脳」を知ると、片づけがラクになる？

ライフオーガナイズの片づけ術では、自分を知るひとつのツールとして「利き脳」を取り入れています。「脳と片づけが関係するの？」と思う人もいるでしょう。片づけのみならず、私たちの気持ちや行動は全て脳からの指令という説があります。

私たちの脳は右脳、左脳と分かれていて、それぞれの脳には得意分野や機能分担があります。日本ライフオーガナイザー協会が提唱している「利き脳片づけ®」というのは、京都大学名誉教授の故・坂野登先生の「しぐさ利き脳理論」をもとに、片づけ収納に応用したものです。

それぞれの脳の特徴をお伝えしましょう。まず右脳は、ひらめき、直感、イメージ記憶、芸術性、創造性、全体を見る力、図形を読みとることなどが得意です。右脳が優位に働く人は、直感的に物事を受け入れるのが得意で、喜怒哀楽など感情に左右されることも多く、「感覚的な脳タイプ」です。対して左脳は、話す、書く、分析する、計算力、言語認識、科学的に思考することなどが得意。左脳が優位に働く人は、理論的な傾向があり、数字で分析したり、毎日同じことをコツコツとするのが得意な「論理的な脳タイプ」です。利き脳はインプットの利き脳と、アウトプットの利き脳を分けて調べます。片づけにおいて、インプットは「モノを探すとき」に使い、アウトプットは「モノを収納場所に戻すとき」に使う傾向があります。

## 利き脳の調べ方

インプット

**指組み**：両手を指組みし、どちらの親指が下にくるのかをチェック。左の親指が下にきていれば、インプットが左脳タイプになる。

アウトプット

**腕組み**：自然に腕組みをし、からだにくっつく面積が広い（下にくる）方の腕をチェック。左の腕が下にきていれば、アウトプットが左脳タイプ。

## 4つの脳タイプ別片づけ収納キーワード

- **左左脳**：インプットもアウトプットも左脳。論理的思考のため、常に理由づけが必要なタイプ。使用頻度や機能重視で、文字情報の認識が得意なのでラベリングは欠かせない。視覚情報が多くあると疲れるため、隠す収納を好む。片づける明確な理由やメリットを見つけると行動を促しやすい。

**●右右脳**：インプットもアウトプットも右脳。感覚的に物事を捉え、自分の「好き」を大事に行動するタイプ。機能性よりも、見た目の好きを優先。視覚優位のため、「見える収納」が片づけやすい。ラベリングをするよりも色や素材、場所を感覚的に把握し、ワンアクションのシンプルな仕組みがおすすめ。

**●右左脳**：インプットが右脳、アウトプットが左脳タイプの混合脳。物事を右脳らしく感覚的にとらえ、左脳の特性である緻密さをもって表現する。好みのビジュアルを優先させることでモチベーションは上がるが、完璧主義なのでひとつうまくいかないとあきらめてしまいがち。好きなビジュアルを決め、収納の中は細かくしすぎないなど片づけのハードルを下げる工夫が必要。

**●左右脳**：インプットが左脳、アウトプットが右脳タイプの混合脳。物事を左脳で論理的に捉え、感覚的に表現するので自由な発想で行動する。情報をとことん集めるので、考えすぎた複雑な収納をつくり、理想と現実とのギャップで自己矛盾を感じることが多い。動線などの機能性を重視しながら、見える収納などすぐに戻せる仕組みにするのがおすすめ。

4タイプを紹介しましたが、モノの探し方や戻しやすさも、人それぞれだということを知るひとつのきっかけに活用していただければと思います。

＊参考『利き脳片づけ術』（高原真由美／小学館）、
『ライフオーガナイズの教科書』（一般社団法人 日本ライフオーガナイザー協会監修／主婦の友社）

# 2

# 「片づく家」の仕組みづくり

STEP1 分ける

# 「過去」「現在」「未来」どこにリンクしているモノが多い？

「片づく家の仕組みをづくり」とは、日常の暮らしや片づけがうまく回るための土台をつくることです。ライフオーガナイズでは住む人にとって家を最適な状態にする方法を伝えています。家の片づけをするというと、多くの人が、「いらないモノを探す」ということに意識を向けがちですが、片づけの目的は「不用品探し」ではありません。わたしたちが求めているのは、今の生活の質を上げるために必要なモノを適材適所に収め、それらが使いやすい状態の暮らしやすい家をつくることではないでしょうか。

忙しい日々の中、自分や家族が少しのストレスも感じず、豊かでリラックスした時間を家で過ごすことができれば、休日が片づけに追われて終わることはありません。

ライフオーガナイズでは3つのステップ「分ける」「収める」「見直す」の順に片づけを進めていきます。この順番がとても大切です。

ステップ①では、家の中のモノを「分ける」ために「全部出す」作業から始めます。「全部出す」ことは、過去から現在までの自分と向き合う作業です。まず、使える時間を考え、スタートする場所やアイテムの範囲を限定して始めましょう。「なぜ全部出すのですか？」という質問をよく受けますが、会社でも定期的に棚卸しをするのと同じで、あるモノ、足りないモノを全て把握するということです。

わたしたちは見たくないものに都合よく目をつぶる傾向があるので、面倒でも全部出して確認してください。「今日はコップを片づける」と決めたのなら、家中のコップを1カ所に出してみます。進物の箱に入ったままのモノも全てです。全部を集めてみると、いろんなことが見えてきます。家にあるモノは勝手に存在しているのではなく、人を介して家に入ってきたものです。自分が購入したモノが多いのか、人からいただいたモノが多いのか。自分はなぜこれをよく使うのか。逆に使わない理由は？　また、家にあるコップ総数の何パーセントくらいを使用しているのかを数字で分析してみたり、自分のお気に入りや大事に思える理由を考えたりすると、自分とモノとの関係性に気づくことができます。

「過去、現在、未来」どこにリンクしているものが多いでしょう？　今、日常的に使っているモノに満足していますか？　何を使うかは自分の心の表れです。いつかの未来のために大事にしているモノが多いなら、そのいつかを具体的に想像してみましょう。

STEP 1 分ける

# 使っているモノは残す。本当にそれでいい？

全部を出した後は「分ける作業」です。「分ける」目的は、自分や家族にとって必要なモノを選び、残すこと。選ばなかったモノは、必要でないモノなので、自分の手から放し家の外に出しましょう。

モノを見て、手に取り、分けていく作業をすると、どれほど無意識に多くのものを抱え込んでいるのかにも気がつきます。自分が何が好きで、なぜ使っているのか、またはなぜ使おうとしなかったのか？　自分自身と向き合う作業でもあります。

「使っているモノは残す」と思いがちですが、本心はどうでしょうか？　深く考えずにずっと使っているけれど、本当は好きではなかったり、使いたくないモノはありませんか？　また、「今まで使わず大切に残していたけれど、本当は使いたい」など、自分の気持ちに気がつくことも。モヤモヤ迷うときには、自分の理想の暮らしを叶えるモノかどうかを考えて残しましょう。心理学で、わたしたちは、いったん自分のものになると、本来の価値以上にそのものに価値を感じてしまうといわれています。大切なのは、「なぜ必要で、持つのか」という理由です。この「持つ理由」を普段から意識するようになると、「わたし」を主語に、モノの持ち方を考えられるようになれます。モノを抱え込む人は、誰かのために残そうとしている傾向も強いようです。

悩んでしまって決められない場合は「保留」にしましょう。大切なのは、「保留」にしたいモノは保留とした日付を入れ、収納場所を分けること。最長で1年保留してみて、再度見直します。「必要なモノ」と「保留のモノ」とを分ける理由は、一緒に収納してしまうと本当に必要なモノが霞んで見えて、結局モヤモヤした空間になってしまうからです。

分けることの大切さは、しっかりとした意思の線引きです。もし保留するモノが多くなりすぎたら、レンタル倉庫に預けてでも持っておきたいのか、もう一度見直しましょう。モノを持つには、管理するための空間と経費が必要です。決断の先延ばしは、未来の自分や家族に負担が残るということになるのです。

そして「選ぶ」ことは、今を大切に思うことです。面倒だったり、人に決めてほしいと思うこともありますが、意思を持って必要なモノを選ぶことで、「選んだモノをより大切にしようと改めて思えた」と言われる人が多いです。

STEP 1 分ける

# 片づけが苦手な人が抱え込んでいるアイテム

片づけが苦手な人が、ついつい残してしまいたくなるモノ3選。1つ目は「素敵なデザインの箱や空き缶」です。女性は素敵な箱や空き缶が大好きです。ただ、デザインが素敵な箱の一番の問題は、中に何を入れたのかわかりにくいということ。また蓋(ふた)を開けるのが面倒になり何を入れたのかを忘れてしまう、形が個性的で積み重ねられないなど、保管にも困ります。「何か入れられそう」という思考ではなく「何か入れて大丈夫?」と自分に質問してみましょう。それでも使いたい缶や箱なら「一定期間保管用」など、頻繁に出し入れしないモノを収納する、または「蓋はしないで使う」投げ込み収納として使えば、お気に入りのデザインを楽しめます。一方で、電化製品の空き箱を残している人も多いようです。パソコンやプリンターなどの機械修理のときに必要と思われるようですが、最近は宅配便会社が精密機器専用のパッケージをつくっているのでオリジナルの箱は必要ありません。ただし、扇風機など、季節によって片づける季節家電は、オリジナルの箱を使うと片づけやすいので残しておきましょう。

2つ目は「ショップの紙袋」です。「ちょっと人に何かを渡すときに便利そう」と残している人が多いですが、そのような機会は実際どのくらいの頻度でありますか？　わたしも大好きなお店のショッパーにはときめきます。今では恥ずかしすぎて使えませんが、若かりし頃はセカンドバッグ的に使うこともありました。以前、実家からブランドの紙袋を渡され、「プレゼント!?」と期待したら、貸していた空容器が入っていた経験があり、人にお渡しする際に失礼な誤解をさせてしまわないよう無地の紙袋を用意するようになりました。お気に入りのブランドショップの袋は、すぐに処分するのがもったいなく感じるので、リサイクル場所に持ち込む使用済みの電池や電球を入れるなど、インテリアと実用を兼ねた自己満足に使っています。

3つ目はメイクやスキンケアの試供品です。「出張や旅行に使える！」と、残している人を見かけます。本来は新製品のお試し用なので、旅行先など普段より疲れているときに、新しい商品を使うのはリスクもありおすすめできないと皮膚科の先生が言われていました。「確かに納得！」と思い、それからは旅行にも普段使っているアイテムを小分けにして持っていくようにしています。気になる試供品はすぐに使ってみましょう。

STEP 1 分ける

## 人からのいただきもの 問題と手放し方

家にあるモノで扱いに悩むのが、家族や人から引き継いだりもらったりしたモノです。わたしたちの親世代はモノを粗末に扱うことへの嫌悪感が強いので、用意してもらった婚礼家具や着物が自分の好みではなく、使いたくないのに手放せないという悩みが多いのです。それらを手放すことで、親子関係に問題が起こるようならおすすめしませんが、もっと自分の暮らしや想いを優先していいのではないかと思います。今は、単に捨てる以外の手放し方がたくさんあるので、欲しいという方にお譲りできるフリマアプリ（メルカリなど）を使ってみるのも賢い選択です。ＤＩＹでセルフペイントをしてみたり、取手などパーツ交換をすることで自分の好みに寄せる方法もあるので、発想の転換で愛着のわく家具に変身するかもしれません。

タンスの肥やしになりがちな着物も、「着物＝高価」との思い込みから何十年もタンスに入れたままという人が少なくありません。そのような状態のままでは経年劣化によ

着物類は使用するモノだけを選び、取り出しやすさを重視した桐のオープンシェルフに収納。

る変色やカビなどで処分せざるをえなくなることも。着物には季節感や格のルールがあるので、まずは自分が何を持っているのかを知る必要があります。また、着物には流行がないと昔はいわれましたが、実際はそんなことはなく柄行や丈の長さなど20年前と今ではかなり異なると呉服屋さんにお聞きし、わたしも何枚かお直ししています。お手持ちの着物を、着物のことがよくわかる方に見てもらったり、着物クリニックのようなところに相談すると安心です。

「いつかお友達とのランチや街歩きにサラッと着られる大人になりたい」と思っているのなら、少しでも早く手持ちの着物を見直して、着付け体験に行かれることをおすすめします（五十肩で肩が上がらず着ることもままならなかったなんてことも耳にしますから）。わたしは25年ぶりに茶道や着付けのお稽古を再開したのですが、若い頃の小紋などはさすがに可愛すぎて使えませんでした。ちなみに、着物の収納は中が見えない畳紙から出し、着物や帯専用の中身が確認できる不織布収納に収め替えて、オープンな桐ダンスに自分がメンテナンスできる量のみを管理しています。

人からいただいたモノの扱いは、感情的に考えてしまいがちですが、いただいた時点で相手の気持ちは受け取っています。ただ置いておくことが義理堅いのではなく、自分が大切に管理できるかという視点や解釈で考えてみてはいかがでしょう。

STEP2 収める

# 片づけが苦手な人の目線で収納場所を決める

必要なモノを選ぶための「分ける」作業が終わったところで、初めて「収納」について考えます。考えることは主に2つ。1つ目はモノの定位置＝収納場所を決めること。2つ目は、モノの収め方です。

まず1つ目のモノの収納場所を決めるときの基本は、「よく使うモノは使う場所に置く」ということです。それを決めるためには、日頃の行動観察が大切です。自分や家族の行動を見て、ついつい使った場所に放置してしまいがちなモノは、その周辺に収納場所をつくれないか考えましょう。「部屋のどこで、何をしてる？」「そのために必要なモノは何？」など、家の図面にリストアップしておくと収納場所を決めやすくなります。家族に片づけるのが苦手な人がいるのなら、その人の目線で、高さや奥行きを考える必要があります。「利き手で取りやすい？」「使う場所から何歩で戻せるかな」など、細かなことを意識すると、自然に片づけやすい場所を見つけることができます。片づけは面倒なことなので、「取り出しやすく、戻しやすい場所かな？」といった優しさを大切に、「これならラクにできそう」と思える収納場所を見つけましょう。

置きたいと思った場所にスペースの割にモノの量が多い場合は、優先順位をつけます。使う頻度の高いものから、出し入れしやすいベストスペースに置いていきます。このベストスペースは、身長によってもかなり異なります。我が家だと、わたしと夫は20センチの身長差があるため、わたしがよく使うモノは、なるべく手が届く範囲に収納し、さらに年齢とともにその範囲が狭くなるであろう現実をふまえて考えるようにしています。リビング、ダイニングは、家族みんなが使う場所なのでルールの共有が大切です。共通で使う文具などは、全員が使いやすい場所を探して意見を聞くようにしましょう。

モノの収納場所を決める作業は、面倒なようですが決まっていないのが一番困ります。細かく決めなくてもよいので、「このあたり」くらいまで決めましょう。手が届かないなど不便な場所に収納してみると「こんな不便な場所に置いてまで、残したいモノかな？」と考え直すようになります。空間を埋めることが収納ではありません。「自分の手が届かないスペースにまでモノを押し込む意味はあるのかな？」と考えてみませんか。「次、ここから出す人は大変だな」と想像できるような使いにくいスペースは、初めから使わないと決めることも必要だと思っています。

片づけやすさで大切なのは、使う人の目線で安全に出し入れしやすい場所を見つけること。

# 収納の基本は「見える」「立てる」「並べる」

「片づけすぎて、どこにいったのかわからない」と困った経験がある人は、自分の記憶に頼ってモノを片づける癖があったり、隠す収納方法を選んだりしているはずです。誰にでも優しい収納のポイントは3つ、「見える」「立てる」「並べる」です。

まず1つ目のポイントは「見える」ということ。使う場所に、そのまま置いておくのが一番よいのですが、多くは扉や引き出しの中に入れますよね。何かの中に収納する場合は、開けるだけで「見える」というのが理想です。種類分けするために、箱を使うことが多いですが、蓋などはせずに上から見えるようにしておきましょう。ほこり対策などで蓋を使うときは、必ずタックシールやマスキングテープに中身を書き、蓋を開けなくてもわかるようにします。また、細かなモノはジッパーバッグなど透明な袋に入れて管理するのがおすすめです。

2つ目のポイントは「立てる」です。寝かせて置くのが見えやすいと思いがちですが、その上にモノを置いてしまう可能性が高く、モノが重なると、下のモノが見えなくなる〝ミルフィーユ状態〟になり、雪崩(なだれ)もおこります。特に、出し入れが多いものは「立てる収納」がおすすめです。収納の基本「取り出しやすく、戻しやすい」が叶います。例えば、キッチンツールは種類もあるので、引き出しに寝かせる収納より、立てる収納にしておくと、探しやすく、すぐに取り出せます。普段使いの鍋やボウルも、立てて収納すると場所を取りますが、取り出しやすく戻しやすくなります。ただ、人気のある重いホーロー鍋などは、危ないので平置きしましょう。

3つ目のポイントは「並べる」です。「並べる」とは「列をつくる」ことなので、横に並べる、縦に並べるなどして面を揃えたり、中心を揃えて収納します。モノが並んでいると、取り出した場所は空いたままになり、戻す場所がわかりやすく迷いません。「並べること」を意識すると、少し丁寧に戻すようになります。また、並べる順番により、さらに使いやすくもなります。わたしは、朝起きてする洗面所でのルーティンは使う順番に並べているので、寝ぼけていても迷わず助かっています。

ひとつひとつは小さなことですが、モノの置き方に工夫を積み重ねていくことでつくられる収納の仕組みが、自分や家族の暮らしをラクにしてくれます。

上:深さのある引き出し収納はコの字アクリル板で高さを区切り、下のモノが見えるよう工夫。
下:パントリーの棚。目線より上の棚に使用頻度の低いものをざっくりとカゴに収納、重い鍋は置くだけ収納に。

コンロ下の引き出しには調理中に使うモノを集め、片手で取り出せるよう「立てる」収納に。

左:棚にファイルボックスを並べる時は前揃えにするとすっきり見えて取り出しやすい。
右:スキンケアは左から使用順に並べることで迷いなく出し入れ可能で見た目もすっきり。

STEP 2 収める

# 収納グッズ選び ラクなのは、モノが「見える」アイテム

収納について考えると、収納グッズを使いこなさないといけないと思ってしまう人が多いようです。毎日のように便利な収納グッズの新作が発売されていますが、自分の使いやすさに合わないモノはガラクタと同じです。

そもそも、収納グッズは必ずしも必要ではありません。雑誌などの片づけ特集は、新作収納グッズを使った工夫の発表会のようですし、インスタグラマーといわれる人の写真は、新製品のタイアップなど広告を兼ねていることも多いので、それを見抜けないと、片づけを学んでいるつもりが、収納グッズを集めているだけになってしまいます。片づけサポートでうかがったお宅で、一番余るのが収納グッズというのは悲しい現実です。

あなたに必要なのは、「取り出しやすく、片づけやすくする」ためにサポートしてくれる収納グッズです。決して、複雑な収納になってはいけません。100円から高価なモノまで幅広くある中で、自分が目指す暮らしにマッチする素材やテイストを取り入

れるのが、失敗しない選び方です。

収納グッズは、それ自体が主役ではないので、基本的にはベーシックカラーのものがおすすめです。一方、人別や用件ごとにつくるファイルなどは、テーマカラーを決めて色分けしておくと、ラベルなどの文字情報を見なくても違いがわかるというメリットがあります。

中が見える透明度の高いタイプか、隠せるタイプかで悩んだときには、誰にとっても透明度の高いものの方が探すのがラクなので、片づけが苦手な人は自分を困らせない「見える収納」を選びましょう。また、逆の発想で、常に見えていても美しいものを選ぶようにするというのもおすすめです。

ほかにも、中身が見えるジッパーバッグは多様な使い方ができます。ジッパーバッグは大きさにバリエーションがあり、また柔軟に形が変わるので、細かなモノを分けて収納、濡れたモノの収納、形が定まらないコード類の収納などにとても便利です。開封が面倒に思う方、シニアや子どもには少し割り高でもスライドタイプのジッパーバッグは特におすすめです。中身が見えることで収納と在庫管理が同時に叶う、まさにみんなに優しい収納グッズといえます。

**Before**

菓子類を見えない収納にしていると
残量がわからずついつい買いすぎることに。

**After**

見える収納に変更し、残量が把握しやすくなった。

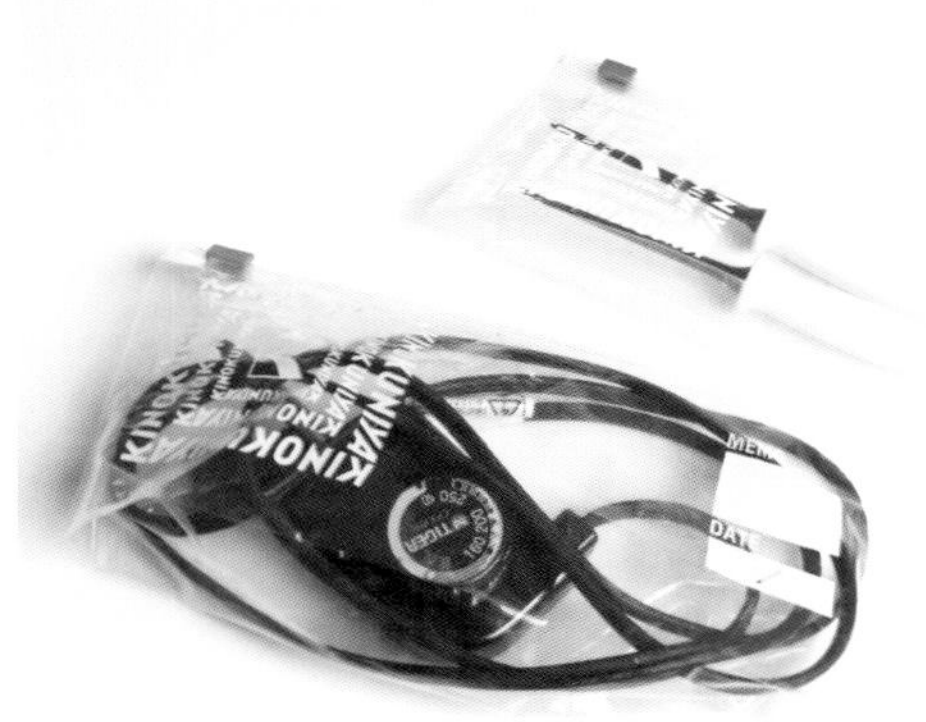


上:ホットプレートを頻繁に使うのなら、箱から出して取り出しやすい高さに収納。
下:コードや小物など形がまとまりにくいモノはジッパーバッグに。中身が見えて形も揃う。

# 動線から考えて衣類の点在を防ぐ

片づけに困っている場所ベスト3に必ず入るクローゼット。衣類は家の中に点在しがちなので、クローゼットだけでなく、ほかの部屋でも片づかない原因になりやすいもののひとつです。

衣類は、「使ったら戻す」という単純なものではなく、クローゼットから選ぶ、着る、脱ぐ、洗濯する、畳む(アイロン、メンテナンスなど)、クローゼットに片づけるという多くのステップがあるので、それぞれの段階でつまずいてしまう難しさがあります。それだけに、動線を考えて無理なくラクに管理できる収納方法を考えなければいけません。

まずは、洗濯動線について考えてみましょう。洗濯物は、家族の衣類だけでなくタオルなどの生活用品も一緒に洗うので種類が多く、洗い終わったらどこに干すか、乾燥機を使うかなど、それぞれの家庭によって違いがあります。洗濯機から干す場所までの移動距離、そして取り込んだ後、どこで畳むかを決めると、衣類の点在を防ぐことができます。

よく言われるのは、「取り込んだ後、畳む時間がなくリビング、ソファが洗濯物置き場になる」「せっかく畳んだのに、各クローゼットに戻らず、ぐちゃぐちゃになってしまう」など。この対策としては、ベランダで洗濯物を取り込みながら畳み、そのままクローゼットに移動するという方法です（とはいえ、真夏・真冬のベランダで作業するのは厳しいですよね）。畳むのが苦手なら、干したままのハンガーでクローゼットに移動させると、「畳む場所」の問題はクリアになります。

わたしが使っているのはドラム式洗濯機です。乾燥まで仕上げることを想定した洗濯機なので、乾燥が完了したところで洗濯機の上で畳むようにしています。こうするようになってからは洗濯物の移動がなくなり散らからなくなりました。アイロンがけが苦手でためてしまうなら、ノンアイロン素材を選ぶ、またはクリーニングに頼ると気持ちもラクになります。最近では、気軽に使える衣類スチーマーで必要な箇所だけシワを伸ばす方法もあります。リビングにアイロン待ちのまま山になった洗濯済みの衣類へのストレスを軽減してくれるアイテムとして、我が家でも衣類スチーマーが活躍しています。洗濯機のそばに衣類スチーマーをかけるためのフックを取りつけ、サッとかけることができるので、家事時間の短縮にもつながります。

洗面所に下着や部屋着を収納することで、入浴や帰宅後の着替えがスムーズに。

左上:乾燥機にかけられない洗濯物は天気に左右される外干しはせず、お風呂場で干して、洗濯物の移動を最小限に。
右上:靴下収納はスライド仕切りがついていると自立するので取り出しやすくてお気に入り。
中:乾いた洗濯物はリビングに持ち込まず、洗濯機の上で畳んで一気に終わらせる。
下:アイロンも衣類スチーマーを使用して洗面所で済ませてしまう。

STEP2 収める

# 大好きな服の持ち方 クローゼット収納法

次にクローゼット収納です。クローゼットが乱れる理由は、枚数が多すぎてあふれるのと、収納の仕組みが自分に合っていないこと。からだはひとつなので、自分のTPOに必要なアイテムを厳選するのが大前提。1週間から1カ月の間に何枚のトップス、ボトムスを着ているか数え、ハンガーの数を決めてしまうと管理しやすくなります。

わたしは、主にクローゼットオーガナイザーとして活動していますが、もともと洋服が好き、買い物も好き！ そして、クローゼットは着たい服と着なくちゃもったいない服であふれるという場所でした。自分の好きが詰まっている場所なのに、整えることができない悪循環を経験したのは、自分のライフスタイルの変化を意識せず、それまでの感覚で洋服を購入していたからです。今では、クローゼットがあふれることはなくなりましたが、決してミニマムではありません。毎シーズン新しいアイテムが欲しくなるという自分を自覚して、ルールを決めています。

クローゼットのハンガーはマワハンガー（53ページ参照）を30本、ボトムス用10本、木製ジャケット用ハンガー5本、あとは畳む収納としてハンギングホルダーと4段のチェストを使用しています。ハンガーの数は季節外に使うアイテムも含めてです。ハンガーの数も、1年かけてマックスこのくらいあれば今の暮らしでは十分だと必要な本数を決めました。畳む収納は手間がかかり苦手な人が多いので、ハンガーにかける収納に変更できないか検討してみてください。畳む場合は上に重ねず、立てて収納します。ブックエンドや箱を入れて枠をつくると、崩れにくく、出し入れしやすくおすすめです。

季節が変わる前にあまり手を通さなかったアイテムは、その理由を確認するために、必ず着てみます。この着なかった理由をストックしていくことが、次回の買い物に活かされます。わたしの場合は、小柄なのでボリュームが胴まわりや丈感にあるとバランスが難しいとか、素材感がマットすぎると顔映りが悪いなど、自分なりの理由をリスト化し、失敗しない「購入自分マニュアル」を持っています。

わたしの洋服の手放し方は、部屋着にすることはせず、フリマアプリにシーズン中、または次のシーズンはじめに出品します。出品後2週間ほど経って値段を下げても反応がなければ、自分で「ありがとう」と処分すると決めることで、クローゼット稼働率90パーセントくらいを保てるようになり、この循環に満足しています。

洋服は量よりも稼働率を意識。全てを把握しやすい収納だからコーディネートに悩まない。

左:ハンギングホルダーを使うと目線に平置き収納ができる。ニットや小物収納におすすめ。
右:カバンはブランコハンガー+S字フックに吊る収納で型崩れを防止。

右:愛用しているハンガーは木製と滑り止めつきマワハンガー(トップス&ボトムス)の3種類。
下:ポールから落ちないストッパーつきS字フックはノンストレス! 100円ショップで購入。

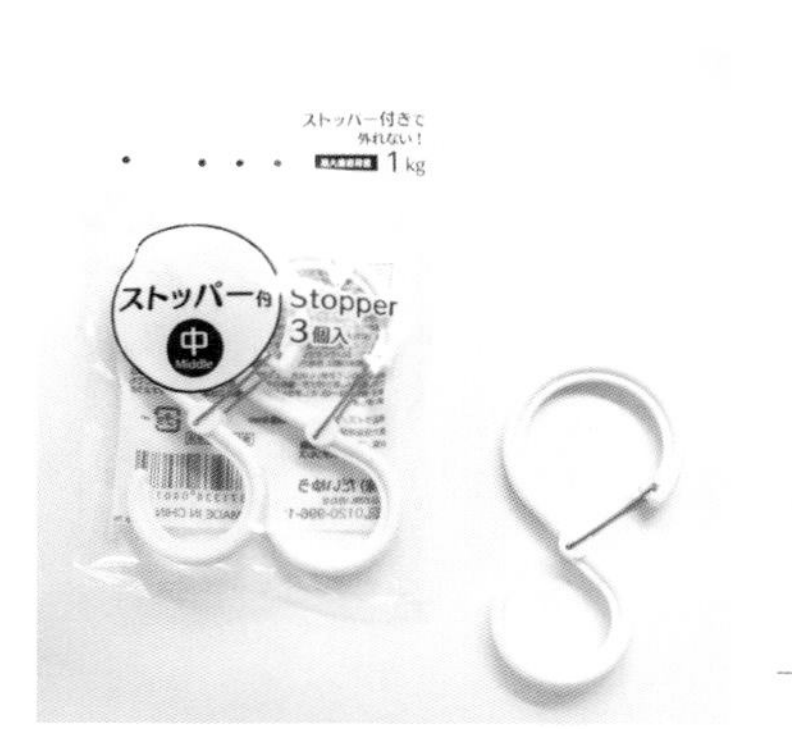


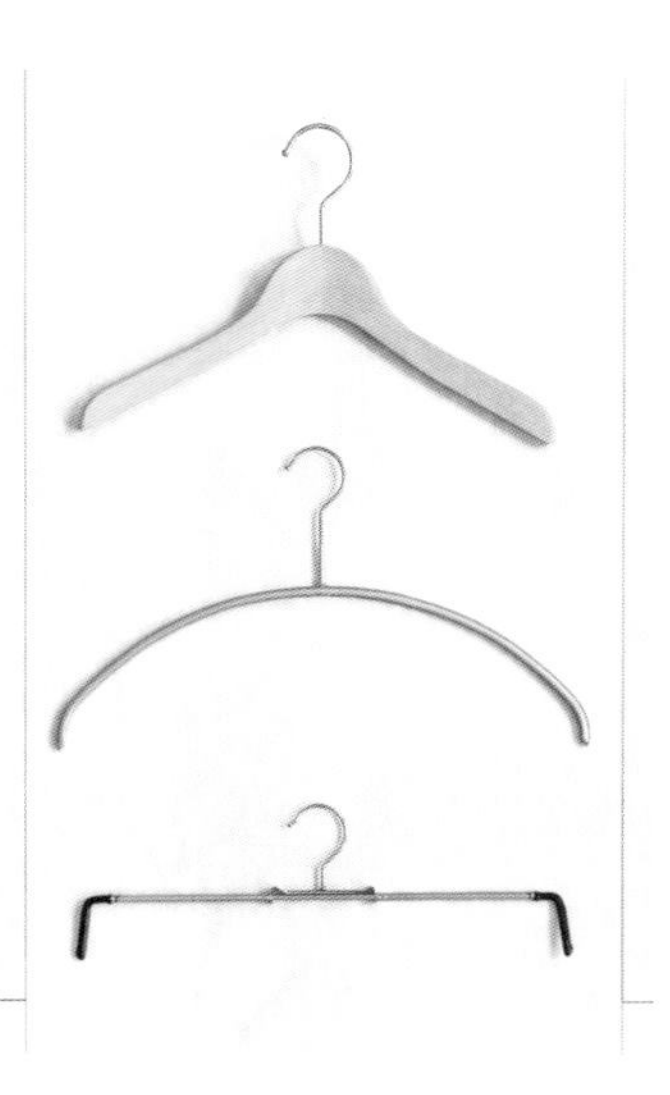

STEP 3　見直す

## 目指すのは無理のない収納。柔軟にバージョンアップ

ライフオーガナイズの片づけステップ③は「見直す」です。ここまでで、自分の頭や気持ちの整理をし、手に入れたい理想の暮らしを叶える家の仕組みを実現した後は、「日々の暮らし」という実践の場になります。仕組みをつくっても、毎日同じ日が続くわけではありません。家族の病気や怪我といったアクシデントのほか、仕事がたてこみ家事時間が取れないなど、イレギュラーで時間の使い方が変わると、上手く回らなくなることが出てきます。そんなときには「見直す」ということが不可欠なのです。

また、いくら片づけやすい家でも、誰かが片づけなければ散らかる一方です。片づけが苦手な人は、意識しないと「片づけること」を忘れがちなので、後回しにして溜まってしまう悪循環にならないように工夫が必要です。日々の家事は習慣にすることで無理なくこなせるようになるので、片づけの習慣を身につけるようにしましょう。

片づけが得意な人を観察していると、考える前に行動に移すのが早く、「これが習慣

化できている姿だな」と思ったことがあります。ひとつの行動に対して、「始めと終わり」がセットになっているので、必ず次のアクションの前に元の状態に戻っているということです。学校の授業と授業の合間に机の上のモノを入れ替えるのと同じです。

習慣化できている状態は、そうすることが当たり前なので、自分の中で言い訳をしたり、がんばったり、疲れたりすることはありません。毎日できている「歯磨き」をするのに気合を入れる必要はないですよね？　歯磨きのように、それをしないと気持ちが悪いくらいになれば、必ずするようになると思うのですが、大人になってから新たな習慣を身につけるのは簡単なことではありません。

でも！　自分の人生、あきらめたらそこで終了なので、まずは今日からスケジュールに片づける時間を入れてみましょう。また、常に自分の行動を意識して振り返るようにすると「忘れてた！」ということにも気づけます。わたしは、こまめにスマホのアラームを使い、片づける時間を意識するようにしています。

また、ライフステージや体調の変化などで今まで普通にできていたことができなくなることも起こります。そんなときには「新たに仕組みを見直せばいいんだ」と思うようにしましょう。家の中は自分最優先で大丈夫。自分の使いやすい仕様にしていけばいいのです。

STEP 3 見直す

# ストレスなしの「○○だけ」収納

モノを適量にし、収納も熟考して決めたのに、まだ片づけがうまくいかない場合、ライフオーガナイズではリバウンドとはとらえず、単にやり方が自分に合っていないだけと考えます。片づけるためには「元の場所(モノの収納場所)に持っていく」、そして「収める」という2つの行動があります。「元の場所には持っていくけれど、収めるのが苦手」とか「元の場所に持っていくこと自体、面倒」など、どこでつまずいているのかの原因を究明することが大切です。

「元の場所に持っていく」ことが苦手なら、使う場所の近くに収納場所を変えてみる、もしくは、テレビのコマーシャルの間に片づけるなどいつのタイミングで持っていくのかを決めてみましょう。また、「収める」ことが苦手な場合は、収納スペースにモノが詰まっていたり、引き出しが重かったり、「何か理由があるのではないか」と見直して、改善できることを検討しましょう。そもそも片づけは面倒なことなのです。自分にとっ

普段使いのアクセサリーは壁面にひっかけるだけの飾る収納。選ぶのもしまうのも簡単。

て苦手なこと、ストレスを感じる方法をがんばるのは卒業しませんか？　例えば、「洋服はこんな風に畳むとコンパクトになります」と聞くと、真面目な人ほど畳み方の練習を始めます。ただ、長年慣れた畳み方を変えるのは、かなりハードルが高いです。もちろん、畳むことが苦ではなく、メリットを感じるなら取り入れてください。

収納方法で大切なのは「誰にでもできそう」と思えること。脱！　収納の複雑化。「置くだけ」「かけるだけ」「ただ入れるだけ」という子どもでもできるような収納方法です。人は何か行動する前に頭でイメージするので、少しでも面倒なステップがあるとわかっていると脳が行動を拒否するといわれています。「これならできる！」と思えるくらいハードルを低くすることから始めましょう。わたしたちの毎日は忙しいのですから、疲れてクタクタな自分を想像して、それでも戻せるくらい簡単にしておくのがおすすめです。ちなみに、わたしが収納方法の参考にするのは、少しおしゃれなショップのディスプレイです。モノの種類ごとに、見やすく、手に取りやすく、商品が美しく見えるように配置され、家の中でも真似できる仕組みです。まずは、自分のお気に入りのモノや、よく使うモノを今までよりもゆとりある空間に収めてみてください。モノの周りに空間があると、片手で持ち上げるのも容易です。取り出しやすさや、戻しやすさを体感してみると、どんな収納が自分に適しているのか気づくはずです。

収納方法とは、モノを隠すことではなく、そのモノに合った、「取り出しやすさ」と「戻しやすさ」を考え、管理しやすくすることです。そのためには、見栄っ張りになってはいけません。収納の王道は、使う人を思いやって考えること。ストレスなく、探しやすく、戻しやすい方法を見つけるには、使う人の気持ちや動きを想像しないと難しいのです。

家族が片づけてくれないと悩む方の多くは、良かれと思って自分の決めたルールを強いています。利き脳タイプ（22ページ）のところでも書きましたが、人によって片づけやすさの仕組みは異なります。ラベリングがあれば、探せるはずと思い込むのは危険です。片づけが苦手な人に、「どうなっていたら探しやすい？　戻しやすい？」と聞いてみましょう。

自分で自分の片づけやすさを考えてもらうのは、何よりの近道なのです。家族でも、「私はこうしたい、この方がラク」と、お互いの違いに気がつき思いやる収納方法にします。

仕事書類のファイルボックスは1カ所に集める。

上:クローゼット横の棚にはファッション小物をインテリアっぽく収納。
下:小さめバッグは視界に入る場所に置くと使い忘れがなくなる。

上:仕事の書類は項目ごとに分けてまとめ、ラベルをつけてボックスに。
下:1つの引き出しに用途が同じモノをまとめて入れると片づけやすい。

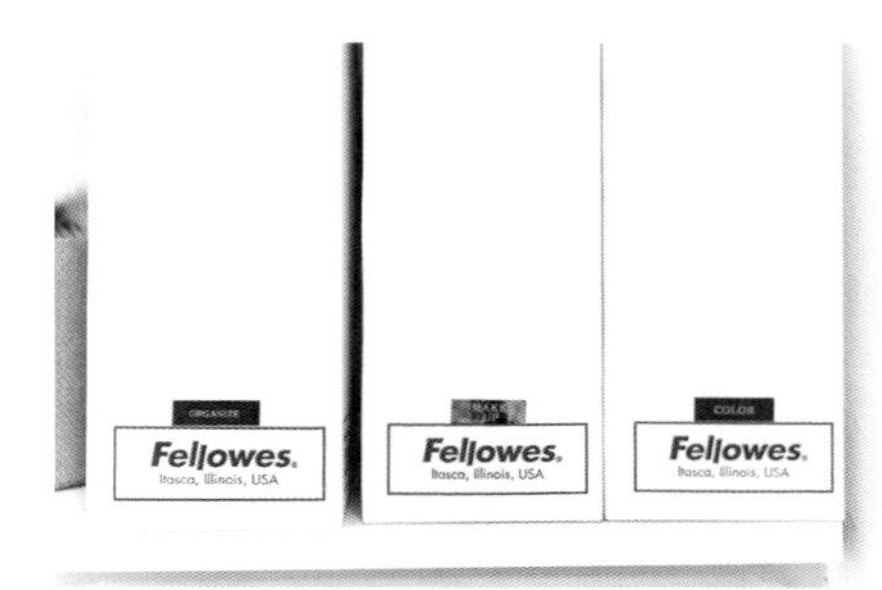


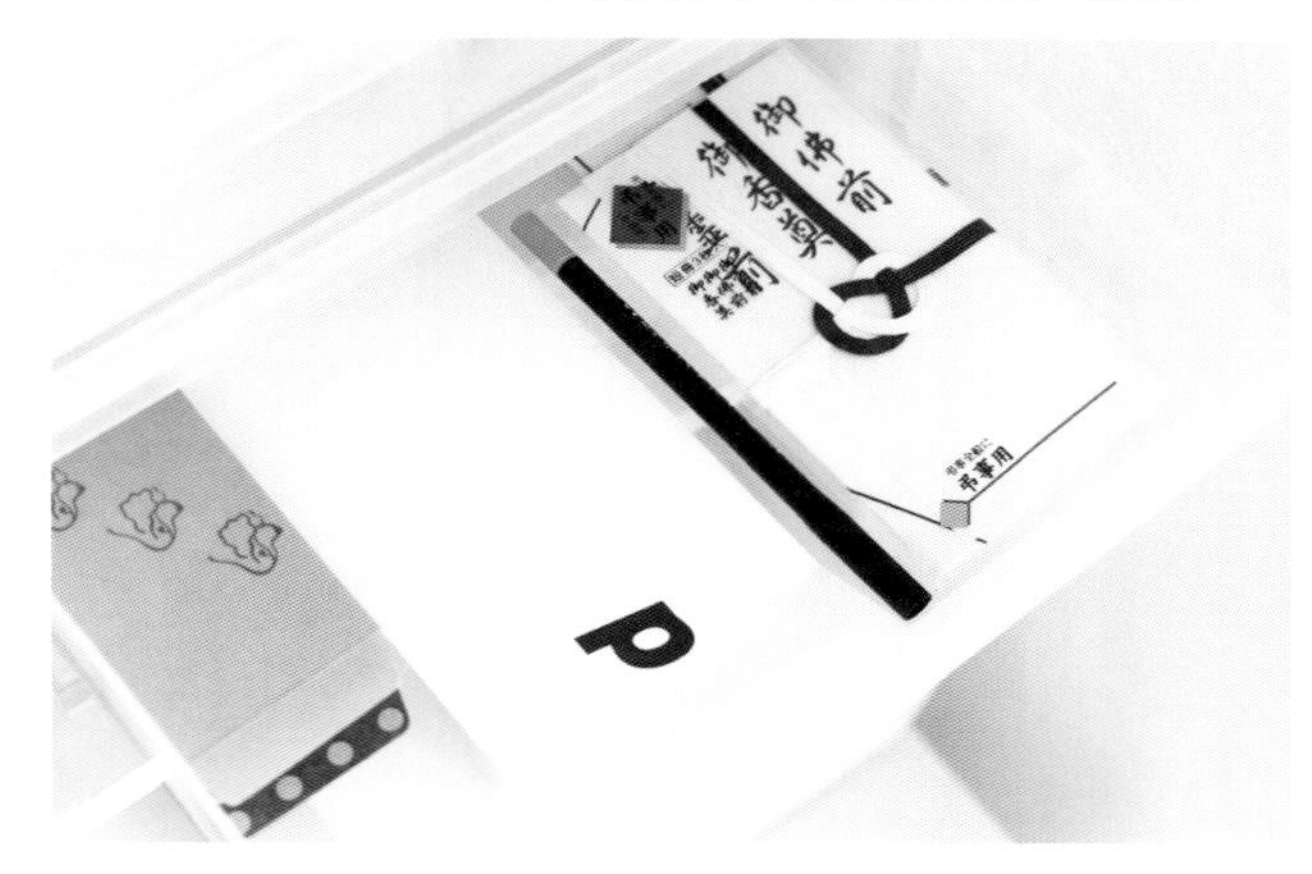

STEP 3 見直す

# 空間のゆとりは8割収納

数年前にクローゼットの取材のためのテレビ撮影で我が家に来られたタレントさんが「クローゼットに、こんなもったいない空間あるのは初めて見ましたわ！」とおっしゃっていました。クローゼットをテーマにしたコーナーだったので、いろいろなお宅のクローゼットを取材されていたと思うのですが、わたしのクローゼットを見て驚かれ、「うちのおかんは、いかにたくさん服をつっこむかをがんばってるよ」と。わたしも昔は、スペースがあればあるほどモノを詰め込み、テトリスのように隙間をいかに埋めて活用するかが収納術だと思っていました。

隙間なく詰め込まれた本棚、服の袖しか見えないほど詰まったクローゼット、重なりあったお皿でいっぱいの食器棚を目の前にすると、なんだか息苦しく心が萎えませんか？　モノを取り出し、片づけるためには、必ず手が入るスペースが必要です。また、モノを識別するにはモノ自体が見えていないと難しくなります。頭でわかっていても、モノが多いのが当たり前になっている人には、まずは「ゆとりある収納」を体感することをおすすめします。試しにいつも使いにくいと思っている棚の中から半分モノを出してみてください。そして、どのくらい使いやすくなるのかを体感していただきたいのです。人は、メリットを感じないとなかなか動けないので、この方法はモチベーションアップに効果的です。

片づけが苦手な人ほど必要なのは、空間のゆとりです。これを叶えるのが一番むずかしく感じますが、「8割収納」を体感すれば、今までの収納がいかに使いにくいのか、ストレスになっていたのかを実感し、見直す大きなきっかけになります。各収納スペースの2割は空けておく。そうすれば、パッと見るだけでモノを識別できて、出し入れもラクラクな感動体験です。

片づけについて考えると、どうしても「モノと空間」に意識がいきますが、本当の主役は「人」です。家という空間にモノをたくさんうまく収納できることよりも、住んでいる人がその空間でどんな風に、どんなモノに囲まれて暮らしたいのかを忘れないようにしてほしいと思っています。

使いづらい高い棚は天袋的に季節外のモノや軽いモノを置くだけ収納に。

column

片づけスイッチ②

## フリマアプリにはマイルールが必要

片づけるときに、一番悩ましいのはモノを手放すことでしょう。一度「片づく家の仕組み」が完成しても、生きている限り「人生に必要なものを選ぶ」「手放す」ということは繰り返し続いていきます。モノを出してできたスペースには、また素敵なモノが入ってくると言いますが、「入れて、出して」の繰り返しは、自分のからだを整えるのと同じだなといつも思います。からだも家も自分の人生の土台なので、日々管理していないと、どこかに不調をきたしてしまいます。わたしたちの暮らしはライフステージの変化によって必要なモノも変わっていくので、定期的にモノを手放すことが欠かせません。そこで人気なのが、匿名で気軽にモノを手放せるフリマアプリです。わたしは、この1年で150回以上の取引をしているフリマアプリのヘビーユーザーです。ゴミにする罪悪感を持たずにすみ、欲しい人に直接お譲りでき、その売り上げで日常のお買い物ができるなんて、やらない手はありません。今では義理の両親にも出品を頼まれています。

わたしがフリマアプリを使う上で気をつけていることは、人に喜んでもらえる値段設定と見た目のきれいさ。自分が同じモノをその価格で購入できればうれしいかどうかという基準を決めています。また、商品に関してできる限り正直に、ありのままを伝えます。気になる傷があればアップで撮影し確認できるようにします。フリマアプリのやりとりで時間を取られたくないので、同じ商品が出品されているなら少し安く値段設定をします。注意しているのは、手間と値段設定のバランスです。梱包が大変そうなものや、売れ筋でないものは出品しません。シーズンごとに新しい洋服も購入するので、ワンシーズンで手放すと決めたアイテムはフリマアプリに出すと決めています。ベーシックでワンシーズン前なら売れ残ることはほとんどありません。

フリマアプリは不要なモノを手放すのに役立つ一方で、常に新しく出品されたモノが画面に現れるので、誘惑も多いかもしれません。購入するのは、自分がフリマアプリで得た金額までにするなど、マイルールをつくることをおすすめします。

今は、どの家庭もモノが多いので、安易に知り合いに譲るよりも、本当に必要な人に届ける方が有効です。自分のモノは最後まで自分で責任を持つ時代ということです。

＊参考『ライフオーガナイズの教科書』（一般社団法人 日本ライフオーガナイザー協会監修／主婦の友社）

# 3

# モノを増やさず、
# すっきり見せる工夫

# 何も置かない場所を死守！

よほどのミニマリストでない限り、家の中を見渡せば、あらゆるところにモノが置かれているでしょう。一般的に大人1人の持ち物の数は平均1000〜1500点くらいだといわれているので、家族の人数分が家の中にあると考えれば、膨大な量が家の中に存在することになります。家の広さによって物量の存在感は異なりますが、あえて「何も置かない場所を決める」ことで、そのスペースは密度ゼロ＝抜け感となり、空間にゆとりが生まれます。我が家では、ダイニングテーブルの足元のガラス棚、キッチンのオープンキャビネットの最上段には「一時的にでも何も置かない」と決めています。

「モノがモノをよぶ」と言いますが、とても小さなものでも、つい1つ置いたことで気がつくとその周りにものが集まってきた経験はありませんか？「ここだけは、絶対に何も置かない」と決めることは、常にすっきりしたスペースを保てる自信にもつながります。

キッチンキャビネットのオープン棚をモノで埋めず、抜け感をキープするとすっきり見える。

# 色と素材を絞ることで量の見え方をカバーできる

キッチンなど、もともとモノが多くなりがちな場所は、モノを厳選した後にもかかわらず、すっきり感じられないということがよくあります。

そのように感じる時は、色数を限定することをおすすめします。特にキッチンや洗面所に多くある日用品は、派手な色が多いですよね。日用品は、お店の陳列棚で目立たせるという販売戦略のために目立つ色が多いので、それを家に持ち込むと、数が少なくても悪目立ちしてしまいます。

スペースごとに、目に入る色を3色までに抑えてみてください。ベーシックカラー(白、黒、グレー、ブラウン、シルバーなど)以外に2色までに絞るようにしてみましょう。我が家のキッチンでは、白、黒、シルバーを中心に、わたしの好きな赤色をアクセントカラーにして、コップや鍋に赤色のアイテムを選んで使っています。

「これもかわいい！ あれも素敵！」と思いつくまま取り入れていくと、あっという間に家中カラフルでごちゃごちゃして見えるので、すっきりさせたい場所は色数を意識してみてくださいね。

モノが多くてもすっきり整って見える空間をつくるには、色数を絞る以外に素材感を揃えるということも有効です。例えば収納ボックスは、紙製品、スチール、プラスチック、木製などさまざまな素材があり、それらが混在しているとそれぞれが主張してすっきりしません。コーナーごと、部屋のイメージごとでもよいので、目的に応じて選び分けたり、自分の好みで統一させたりするようにしてみましょう。

素材感は「質感」ともいえ、「クリア感＝光沢あり」、「スモーキー感＝光沢なし」といったように意識すると、自分好みの質感がわかるようになります。わたしはクリア感が好きなので、ガラス製、アクリル製、シルバーやゴールドの小物に統一するようにしています。キッチンのオープン収納にはガラス製のコップやガラスジャーを多く置いていますが、透明なこともあり、きちんと置いていなくても主張することなく、ごちゃついて見えません。

ガラス製品は、形が揃っていないものを数多く適当に置いても雑多に見えない。

左:キッチン&パントリーは黒とシルバーを中心に。アクセントカラーにはお気に入りの赤を。
右上:出しっぱなしの文房具は色を絞り、使わなくなったガラスコップに立てる収納。
右下:使用頻度の高いカトラリーやグラスはキッチンカウンターに出しっぱなし。色を限定すればすっきり見える。

# ついつい置いてしまう場所を撲滅

わたしたちは、自分の行動をコントロールしているつもりが、ほとんど無意識に動いているといわれています。わたしも「あれ？　さっきまで右手に持っていたメモどこに置いたの？」なんて探すことはしょっちゅうです。家の中で、気がつけばいつもモノが置かれている場所が「ついつい置いてしまう場所」です。代表的な場所は、ダイニングテーブル、キッチンカウンター、そしてリビングの床でしょうか。これらの場所に共通する理由は、家族の滞在時間が長い空間にあり、モノを置きやすい高さ、そして平面で、そこに置いてあると使いやすいということ。このような場所を、24時間何も置かない場所にするのは無理があるので、使い方のルールを決めるのがおすすめです。

ダイニングテーブルやキッチンカウンターのように作業台として使いやすい場所の近くに、つい置いてしまうモノの収納スペースをつくりましょう。また、「これだけは置いてもOK」という枠を決めておくルールづくりも大切です。我が家の場合は、キッチンカウンターの上には文房具、薬用の引き出し、インテリアトレーは置いておくと決めています。このインテリアトレーは、帰宅してすぐにキッチンに向かう前にアクセサリーをパッと外して置く場所になっているので、わたしにとって無意識に置いて行方不明になる予防策になっています。

多くの人の悩みでもある「リビングの床置き問題」は、日本の畳生活とフローリング生活というミックスカルチャーな住宅事情が関係しているのではないかなと思います。とはいえ、床にモノがあるとつまずいて危険ですし、スペースが狭くなるのでストレスを感じますよね。対策として、ついついモノが置かれている場所の近くに、フックをつけるなど「かける空中収納」を作ると、行動パターンをそれほど大きく変えずとも解決できます。

「ついつい置いてしまう場所」は、目にも入りやすく使いやすいスペースなので、使い方のルールを明確に決めましょう。なんとなく使ってしまうと、便利な無法地帯になってしまうので要注意です。

キッチンシンク前のカウンターは食事準備用に毎食後にリセットする習慣を。

上:帰宅後に手を洗う前に外したアクセサリーを置くトレーはキッチンカウンターに。左下:ダイニングテーブルの足元にあるガラスの飾り棚には絶対にモノを置かない。インテリアの美しさをキープ。右下:常時使用するものは座ったまま使えるようダイニングテーブル横の引き出しに収納。上段にはテーブルマットや箸おき、下段には常用薬などを入れている。

# 「すっきり」キープに有効！ビフォー・アフター写真

「暮らしの土台づくり」ができたところで〝片づけ終了〟ではありません。日々どのように意識的に暮らしていくのかが一番大切になります。

自分にとって必要なモノを厳選し、ラクな収納の仕組みをつくっても、毎日、何度も片づけることを意識して行動しなければ、あっという間に散らかっていきます。わたしたちは、自分が思っている以上に昔からの癖が抜けないものなのです。片づけが苦手な人は、少しでも忙しかったりすると、「〝後でやろう〟の山」が、あちらこちらにすぐ現れます。認めたくはないのですが、年齢とともに集中力や気力も低下していきます。そこで、わたしのおすすめは、スマホのカメラで片づけ記録を撮ること。思い立ったらすぐに撮影でき、すぐに消去できるので使わない手はありません。

小さな場所でも片づけを先延ばしにすると、面倒な気持ちが増幅していくので、そんなときには撮影を。ビフォー・アフター写真を撮ってみると達成感や満足感が感じられますよ。毎日の家事についても、写真を撮ることで「片づけているつもり」が「四角な座敷を丸く掃く」ようになっているなど、盲点に気づくことがあるのです。特にリビングやキッチンは、いつも見ているだけに、無意識に置いているモノがその場に馴染んでいて違和感にも気づきにくいのです。写真に撮って初めて「あれ？　いつから、なんで、ここにあるんだろ？」と気がつき驚くことも。

昔、息子が小学生くらいの頃、リビングでわたしの携帯電話で写真を撮っていました。写真には彼の身長で見える部屋が写っていて、わたしの目線とは違う部屋の見え方、わたしには見えていなかったモノの存在に気づき驚いたものです。また、写真で見ると実際に見ているよりも、不思議なほど乱雑な感じがするのでショック療法としても効果的です。部屋を撮影した写真を見ると「もっと使いやすくならないかな？」「美しくならないかしら？」など、理想の暮らしへ意識を向けるヒントにもなりますよ。

余談ですが、下宿生活を送る息子たちに、毎月の下宿代を振り込む前に部屋の写真を送ってもらうようにしています。月に一度かもしれませんが、部屋を整える習慣を身につけ、整った部屋の心地よさを感じてもらいたくて続けています。息子たちには「片づけなさい」と言うよりも、「部屋が片づいたら写真撮って見せてね」と伝えた方が効果的だと実感しています。

# 「〇〇用」に注意！ 日常使いの道具は最小限に

わたしたちの日常は、細々とした家事の積み重ねで暮らしが成り立っています。料理、洗濯、片づけ、掃除など、これらの家事をどうしたらラクに早く終わらせることができるかと試行錯誤している人も多いはずです。

片づけの依頼を受けていろいろなお客様の家に伺い気づいたのは、苦手な家事ほど使用が限定された道具が増えるということです。苦手なことを少しでも簡単に解決したいので、具体的に「〇〇用」と限定した便利グッズを見ると欲しくなってしまいますが、別の使い道がないので使用頻度はおのずと低くなります。実際に使えば時短になるなど便利なこともありますが、「あれば便利そう！」は思い入れがないので使うことを忘れがちです。本当に必要なものだけを厳選するようにしましょう。ちなみに、わたしがヘビロテしている限定グッズは「茹で卵用の穴あけ」と「キャベツ専用ピーラー」です。

ストックのゴミ袋はゴミ箱の横に袋の輪の部分を上にしてクリアファイルに入れるだけ。

# 部屋を飾るならインテリアグッズよりも植物を

片づける習慣がついてくると、次は部屋を〝素敵〟にしたくなります。いつか、子育てが落ち着いたらインテリアも素敵にしたいと長年思ってきた人も多いのではないでしょうか。でも、インテリアコーディネートを考えるって、少しハードルが高く、難しく感じませんか？

今まで旅先やインテリアショップで、一目惚れ購入したインテリアグッズは数知れず。せっかく飾ってみても部屋のテイストと合わず、「置かない方がすっきりする！」なんて残念な経験も多々あります。インテリアコーディネートというと、何かを飾るイメージが強いですが、インテリアグッズよりグリーンを置くと、部屋が生き生きし、癒し効果もありおすすめです。

花を欠かさない生活にも憧れますが、観葉植物は花よりもボリューム感のあるものも多く、何より手間のかからないところが魅力です。葉の形や色によってインテリアコーディネートをあれこれと考える楽しみがありますし、育てることも楽しんでいます。我が家のリビングにあるウンベラータはもう8年目。家族のように長いお付き合いです。大きく育ち、存在感もあります。同様のサイズのオブジェを置いたとしたら、圧迫感があって空間が窮屈になってしまうかもしれないところ、ウンベラータは全くそれを感じさせません。むしろグリーンがあることで空間にゆとりのようなものをもたらしてくれていると思っています。

玄関やダイニングのチェストの上などには、切り花を飾っています。いつも欠かさずというわけにはいきませんが、気分に合わせて、あるいは来客のイメージに合わせるなど、その時々の花で空間を彩ります。グリーンや花は、インテリアグッズとは異なり、基本的にはどんな空間にも合うから不思議です。

リビングのメイングリーンは樹形も楽しいウンベラータ。

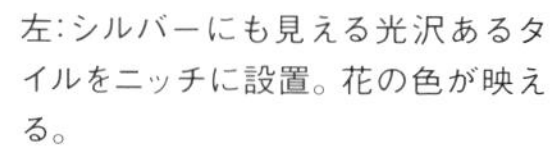

左:シルバーにも見える光沢あるタイルをニッチに設置。花の色が映える。
右:ついついものを置いてしまいそうな場所にこそ美しい植物を飾ってきれいをキープ。

玄関の正面に小さな植物でも映えるタイル貼りニッチを設置し、お客様をお迎え。

# 買い物は定番を決めて定期購入

家の中の日用品、何種類くらいあるかご存知ですか？　ドラッグストアで購入する生活必需品は消耗品がほとんど。我が家にある種類をざっと数えてみたら70種類近くありました。トイレットペーパーのように家に在庫ゼロでは不安なものから、歯磨き粉などなくなりそうになってから購入しても問題ないものまで日用品は幅広くあります。以前は、心配だからと多めにストックしたり、セールで1人2個までという言葉に踊らされたりと、モノや情報に振り回されているところがありました。

洗剤のコマーシャルを見るたびに新作を購入し、「家事にワクワクを！」と思った頃もありましたが、家族が使うときに使用量など混乱して迷惑することがわかり、日用品は定番を決めることにしました。自分が使っている洗剤を書き出し、気に入って使えている商品をチェックすると、品質にこだわっているのか、ブランド力、またはパッケージの美しさに惹かれているのかなど、それらを使っている理由に気がつきます。

以前の我が家の洗濯洗剤は、スポーツによる泥汚れや黄ばみ汚れが落ちず、新製品を次から次へと試し、種類も「洗濯洗剤、漂白剤、柔軟剤」と3種類使っていました。今はジェルボール1つで済ませるようになり、計量もなく、こぼす心配もないので、家族も自主的に洗濯をしてくれます。よほど汚れが気になるものはお湯洗いとオキシクリーン投入で解決しています。掃除用洗剤についても、場所ごとに各種販売されている洗剤はやめて、セスキなどのナチュラル系洗剤、油汚れにはお湯とアルコールを使うようになり、コマーシャルに踊らされなくなりました。

コロナ禍の衛生用品不足時に、使っていたハンドソープがメーカー専用のカートリッジしか使えず定価の3倍の価格で購入する失敗を経験。日用品は汎用性があり、どこでも購入できるものを定番にしておくのがよいと改めて実感しました。

毎日必要な食品に関しても、基本的な材料は定番を決めているので買い物も迷わず時短で済みます。最近は天災も多く食品備蓄も必要です。以前、はりきって家族の3日分の非常用食材や缶詰を準備しましたが、気がついたら消費期限が切れて処分することに。改めて、割高でおいしくない非常食を置いておくのはもったいないと思ったのです。今は、普段から食べ慣れていて日持ちする食品を少しだけ多めに買うローリングストック方式にしているので、気持ち的にも安心です。

# サブスク利用で持たないのが基本

時代の変化とともに、モノの持ち方も個人所有にしばられない考えに急激に変わってきています。最近はサブスク（サブスクリプション）という定額購入で音楽聴き放題、動画見放題などのサービスを取り入れる方が多くなりました。サブスクのメリットは、好きなタイミングで登録や解約もでき、基本的に安価なサービスで常に新しい情報を取り入れられることと、形あるモノが家に増えないこと。我が家も、映画やドラマ、音楽にサブスクを活用しています。また最近では、ビジネススーツや私服のサブスク契約もあり、クリーニングや買い替えの手間、コーディネートが苦手な人に好評だそうです。コロナ禍の影響で在宅業務やオンライン仕事が増え、デスクや椅子などの仕事用ツールのリースを定期契約する家具のサブスクも人気なんだとか。モノを持つことは管理する場所も手間もかかるので、このようなサービスはエコにもつながります。賢く利用して自分の暮らしを豊かで便利にしたいものです。

「持たない」選択ですっきりしたリビングでボディメイクのオンラインレッスンを受講。

column

片づけスイッチ③

## 日常のルーティンで「家事貯金」

わたしの周りには、地域活動や仕事や子育てと多忙にもかかわらず、家も美しくすっきり暮らす憧れの女性が多くいます。彼女たちを見ていると、とにかく行動が早く無駄がないのです。わたしと何が違うのかと話していると「疲れてるから後でする」より「疲れてるからひとつやる」を選択することに気づきました。以前のわたしは「やりたくない言い訳」を頭でいろいろ考え先延ばしにする癖があったのですが、完璧を目指さず1つでもできることをすると、エンジンがかかりやる気が出てくることに気づきました。35年ほど前の本のタイトル『すぐする すぐすむ 快速家事』は、本当にその通り。苦手な家事こそ、いろいろ考えず作業としてやる！　朝起きて頭がボーッとしている間に好きな音楽をBGMにし、前夜に使った食洗機の食器を片づける。メイク前、スキンケアを浸透させる2分間でタオルを畳むなど、小さな積み重ねる「家事貯金」がゆとりを生み出してくれるのです。

＊引用『すぐする すぐすむ 快速家事』（原田知津子／文化出版局）

# 4

## 家族の変化に合わせて
## 家もチェンジ

# 「子育てのための家」を卒業

我が家は結婚して約25年の間に、義両親との同居（間借り）からはじまり、アメリカ、京都、三重、そして滋賀の一戸建て（間にオーストラリア）で19年間どっぷり子育ての時代を経て、40代後半になってわたしの地元・京都に戻り7軒目の暮らしをスタートさせることとなりました。子育ても終盤となり、コンパクトな一戸建てを建て、夫婦と高校生の三男との3人暮らしです。大学生の息子2人は下宿生活です。

わたしにとって短期間でありながらも海外で垣間見た人々の暮らしは、自分の家や暮らしに対する固定概念がくつがえる経験となっています。まさに彼らの多くは、「暮らしを楽しむ」を体現していて、住みたい場所に気軽に引越しをしたり、家中のインテリアをガラリと変えてみたり、ＤＩＹの失敗も「家族の歴史」として家を楽しむ様子に驚かされました。それらの経験から「自分の家は、自分で楽しくプロデュースして暮らす場所！　ライフステージに合わせて住まいも暮らしやすいように変えていい」と思えるようになったのです。いつか、子どもたちが独立したらと妄想していた引越しを今回前倒ししたのも、「いつか！　という未来は、1日でも早く自分で引き寄せる」という彼らの柔軟な暮らしを見た影響が大きいと思います。

今回の引越しで優先したことは、「子育てのための家」から、夫婦が個々の時間を大切にできる環境づくりです。自分たちが管理できる広さや物量を考え、以前の家の3分の2の広さに縮小したことで余分なスペースが少なくなり、家全体を俯瞰できることが心地よさにつながっています。

1階はわたしの仕事&家族（犬たち）のリラックス空間、2階は夫の書斎&趣味を中心にした家族のプライベート空間として、メリハリのある間取りにしました。家族5人分の個室はありませんが、自立していく子どものために部屋が必要とは考えませんでした。また、和室はあえてつくらず、和の雰囲気は京都の街歩きやお茶のお稽古など、外で味わうことにしています。

昨年のコロナ禍以降、多くの方にとって家の役割が劇的に変化したように思います。わたしも仕事の8割はオンラインになり、運動もオンラインで受講しています。部屋の役割も、1日の中で目的を自由に変えて使いやすくできる、そんな柔軟さが求められるようになり、新居の間取りも風通しよくしておいてよかったなと思っています。

# それぞれの空間で過ごす人の行動を基本に考えた家

新しい家での「片づけができる仕組み」は、収納をただ多く作るのではなく、スペースごとに目的を決めて、その場所で過ごす人の行動に合うように考えました。

我が家には〝片づけのお困り定番アイテム〟婚礼ダンスなどの大きな家具はないのですが、引越した先々で形もテイストもバラバラな小さな家具や収納ケースを追加購入してきたため、壁沿いに凸凹ができたり、窓の位置と馴染まなかったり、家具を何度も移動させて試行錯誤しながら空間を整えることにストレスを感じていました。そこで、新居では、空間の統一感と収納力を兼ねた壁面収納にすることにしました。

1階の壁面収納は、キッチン、パントリー、洗面所です。キッチンは、システムキッチンと並行にキャビネットをオーダー家具でつくりました。床から天井まで無駄がなく、壁と一体化しているので圧迫感がありません。キッチンキャビネットのカウンター下には、よく使う食器や調理器具を収納しています。わたしが小柄なので、目線より高い場所には夫の趣味のコーヒー関係や使用頻度の低いものを入れています。

小さなパントリーの下部にはもともと使っていた引き出し収納に食材を収め、上部には可動オープン棚を設置。そこにお気に入りの鍋を見えるディスプレイ収納しているほか、料理本やお気に入りのバスケットに入れてお弁当グッズを収納しています。スーパーが近いこともあり食材のストックは最低限の量しか持たないと割り切っています。

洗面所は、お風呂の脱衣所も兼ねているので、壁面収納に家族の家着や下着などを片づけられるように引き出しタイプの収納家具を入れ、可動のオープン棚にタオルや洗剤など細々したストック類を収納しています。洗濯機の前に収納スペースを作ったので、洗濯機の前からほぼ動かず洗濯物が片づけられ、家族にも好評です。ちなみに、細々した洗濯物は各自の引き出しにさえ仕舞えばＯＫ。畳むかどうかは個人にお任せです。

リビングの収納は、ダイニングテーブルを新しくしたこともあり、実際に暮らして初めてわかる生活動線や収納したいモノを約半年間検証してからキッチンとお揃いのデザインでキャビネットをオーダーしました。一番ごちゃつくダイニングテーブルで使うモノ全てを収納でき、頻繁に使うプリンターも収納しています。備えつけオーダー家具はミリ単位で依頼できるので、動線の邪魔にならず、収めるモノに合わせた引き出しなど、無駄がありません。（オーダー家具　ＦＩＬＥ）

キッチンキャビネットは収納したいモノに合わせてフルオーダー。

上:ダイニングテーブルの散らかり対策にキャビネットを設置。
左下:家族がダイニングで仕事や勉強をするので、キャビネットにはプリンターや事務用品を収納。
右中:家族一人に1段「とりあえず引き出し」があると便利。さっと片づけることができる。
右下:ダイニングテーブルの新聞放置対策に新聞専用引き出しを用意してストレスフリー。

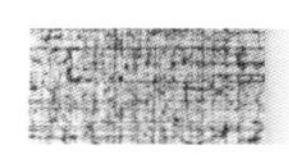

# 今のわたしにはワンルームが快適

わたしが今まで暮らした家の中で、一番暮らしやすく感じたのがオーストラリアの平屋の家。昔の京町家のように玄関から奥に深く、バックヤードまで高い塀に囲われていて、他人の目線が入らないプライベート空間がとても心地よかったのです。今の家ではそんな贅沢な空間は叶いませんでしたが、コンパクトな広さのお陰で風が通り抜ける心地よさを感じます。

間取りを考える前に、思考の整理として自分が心地よく感じる空間のキーワードを書き出しました。「自然光たっぷり、風が通る、緑が視界に入る、音楽のある時間、リラックス感、家族がゆったり過ごせる適度な距離感、片づけやすい家事動線、掃除しやすい、犬も過ごしやすい……」。書き出すと、家の中での優先順位が明確になります。家族が一番過ごす場所、睡眠時間を除けば90パーセント以上の時間を過ごすLDKをいかに心地よくするかを優先的に考えました。床面積が広くないので、廊下や壁で区切らず、開放感を感じられるようにＬＤＫのある1階をワンルームにしました。

ワンルームにしたことは、想像以上によいことばかりです。どこにいても見通しがよく、扉がないことで天井の垂れ壁もなくせたので、部屋の広さ以上の開放感を感じられます。リビングに階段がある場合、防寒対策のため扉設置をすすめられますが、圧迫感を感じるのでつけていません。最近の家は断熱効果が高く、扉がないことで家全体が温まる感じです。以前の家は、部屋から部屋への移動が寒くて家事が止まることが多々あったので、一定温度で動けるのは心身への負担も少なくスムーズに家事がこなせます。

そのほか1階のこだわりは、キッチンと洗面所を横並びにつくったこと。洗面所のスライド扉を開けておきひとつの空間として使えば、食事づくりと洗濯を同時進行できる家事動線になり、とても効率よくなりました。キッチンは立ち上がりのカウンターをつけないセミオープンです。セミオープンとは、ＩＨコンロのリビング側には壁があり油汚れをカバーし、シンク前はフラットなカウンターのみのスタイル。今までは雑多になりがちな手元を隠したいと思っていましたが、今回はあえて自分の片づけスイッチを押すキッチンシンク丸見えのフラットカウンターに。リビングからの視線がカウンターで遮られず、奥行きを感じられます。家事時間の8割はキッチンにいるので、ＬＤＫの一体感は家族のコミュニケーションにも大切だと実感しています。

家族が家の中で長い時間過ごす1階スペースを仕切らずワンルームに。

上:料理と洗濯が同時進行できるよう横並びの間取りにして家事時間を短縮。
左:LDKにいる時間が一番長いわたしの個人スペースも1階に。

# デッドスペース解消法。収納の扉はカーテンで

家のデッドスペースと聞くと、どこを想像しますか？　デッドスペースとは使えていないスペースや隙間のこと。今回、今まで住んだ家で残念に感じていたデッドスペースをなくそうと、壁面収納の扉、特に折れ扉をなるべく排除したいと考えました。折れ扉は端が扉のたまりになり、奥まで見渡せない箇所が必ずできます。また、開口部がせまく、引き出し収納を入れると途中までしか開かないなどのストレスがありました。折れ扉を引っ張って開けるのを面倒に感じて、扉の前にものが放置され、扉がますます開けられない状況になるというのも、多くのお客様の家で見られます。

以前見学したモデルハウスのクローゼットに、扉の代わりに素敵なカーテンを設置されているのを見て、わたしのクローゼットも開口部に扉をつけず、天井からお気に入りのシフォンのカーテンをかけました。扉をつけないので枕棚前の垂れ壁が必要なくなり、開口部の端から端まで使え、無駄なスペースがなくなりました。モノが見えないと管理

が苦手になるわたしには理想的な空間です。家族も、扉が開けっぱなしなどになりがちなので、各部屋のクローゼットには扉をつけず、オープン収納にしています。ほこりや光での色あせが気になるスーツや季節外のものは個々にカバーをして管理をすれば問題ありません。扉がないことによる空間の抜け感や、収納全部が見渡せることによる管理のしやすさはノンストレスです。階段下収納も、同じく扉をつけずカーテンにして、家庭用お掃除ロボット（ルンバ）の充電基地を設置しています。家の間取りの打ち合わせで「扉をなるべく排除したい」と伝えると少し驚かれましたが、構造上に問題はなく、コストダウンにもなりおすすめです。

扉の開け閉めなどは大したことではないようにも思いますが、実はストレスを感じていませんか？　もともと日本の襖は、季節で外し換えたり、取り外して広間にするなど柔軟です。でも扉は扉の大きさの分だけ室内や廊下に開閉スペースが必要になるので、引き戸にできるところがあるのなら、思いきって変更するのもおすすめです。我が家の1階は、お手洗い、お風呂、洗面所の扉を引き戸にしました。引き戸はからだの動きを前後させなくてよく、突然扉が開いてもぶつかる心配がなく安全に感じるのもよいのです。

右:カーテンがクローゼットの扉代わり。開口部が広く無駄なスペースがなくノンストレス。
左:階段下収納も階段の床色に合わせたカーテン扉にしたので、ルンバも出入り自由。

浴室と洗面スペースの扉を引き戸にすることで洗面所の空間を無駄なく使える。

# 主婦の身支度はスピードが命、クローゼットはＬＤＫに

主婦の朝は本当に忙しく、起床後の朝家事、子どもの準備サポート、自分の着替えやメイクと、分刻みの忙しさです。ライフオーガナイズを学ぶ前は、夫婦のクローゼットは2階の寝室にあるのが当たり前と思っていたため、1階で朝家事をしながらヘアメイク、2階で着替えと階段を上がったり降りたり、バタバタする日々を過ごしていました。

ライフオーガナイズを学び、自分の家事動線の無駄とストレスを洗い出すと、わたしのクローゼットを1階に移動させれば解決することが多いと気づき、ＬＤＫの一角につくりました。1階にあれば、キッチン仕事の合間に全ての準備が完成するので、自分の洋服が点在することもなくなります。また、出かける直前にシューズやバッグとの相性がしっくりこなくて着替えたい時も、玄関からクローゼットが近いと即対応できます。

洋服の収納は、畳むのが苦手なので基本的にハンガーにかける収納です。前述したように、お気に入りのハンガーの本数で洋服を管理しています。使用頻度の低いものと、

ハンガーにかけにくいもの、季節外のアイテムはクローゼット内のチェストの中に入れています。

この10年で私は仕事を始め、母としての装い、友達と出かける装い、講師としての装い、そしてラクな家事服など、シーンによって必要なアイテムが増えました。クローゼットは、自分の等身大＝合わせ鏡のような場所。わたしにとって、メイクをして洋服を着替えることは、自分のスイッチを押す行動です。数はそれほど多くありませんが、全部へビロテアイテムになるよう厳選するのも、自分の棚卸しになり、すっきりします。

三人の息子たちが幼い頃は、自分のことに構う時間もなく鏡を見るのも嫌でした。けれど、洋服は自分のために考え、選べる唯一のアイテムでもあり、それらが集まっているクローゼットは、自分の〝好き〟が集まるパワースポットともいえます。最近では、自分の好きを優先したアイテムを選べるようになり、ますますクローゼットは大好きなスポットになっています。そんなクローゼットが今はリビングから見えるので、より素敵な空間にしたいと花や絵を飾り、美しい空間をキープするように手をかけています。また、手持ちのアクセサリーを壁に飾る収納にしているので、コーディネートをつくるのにも選びやすくお気に入りです。

家事だけでなく仕事などライフシーンの多いわたしの味方！ クローゼットはLDKに設置。

わたしの部屋。窓辺にグリーンを置くと外との空間のつながりも感じられ、
気持ちよく過ごせる。

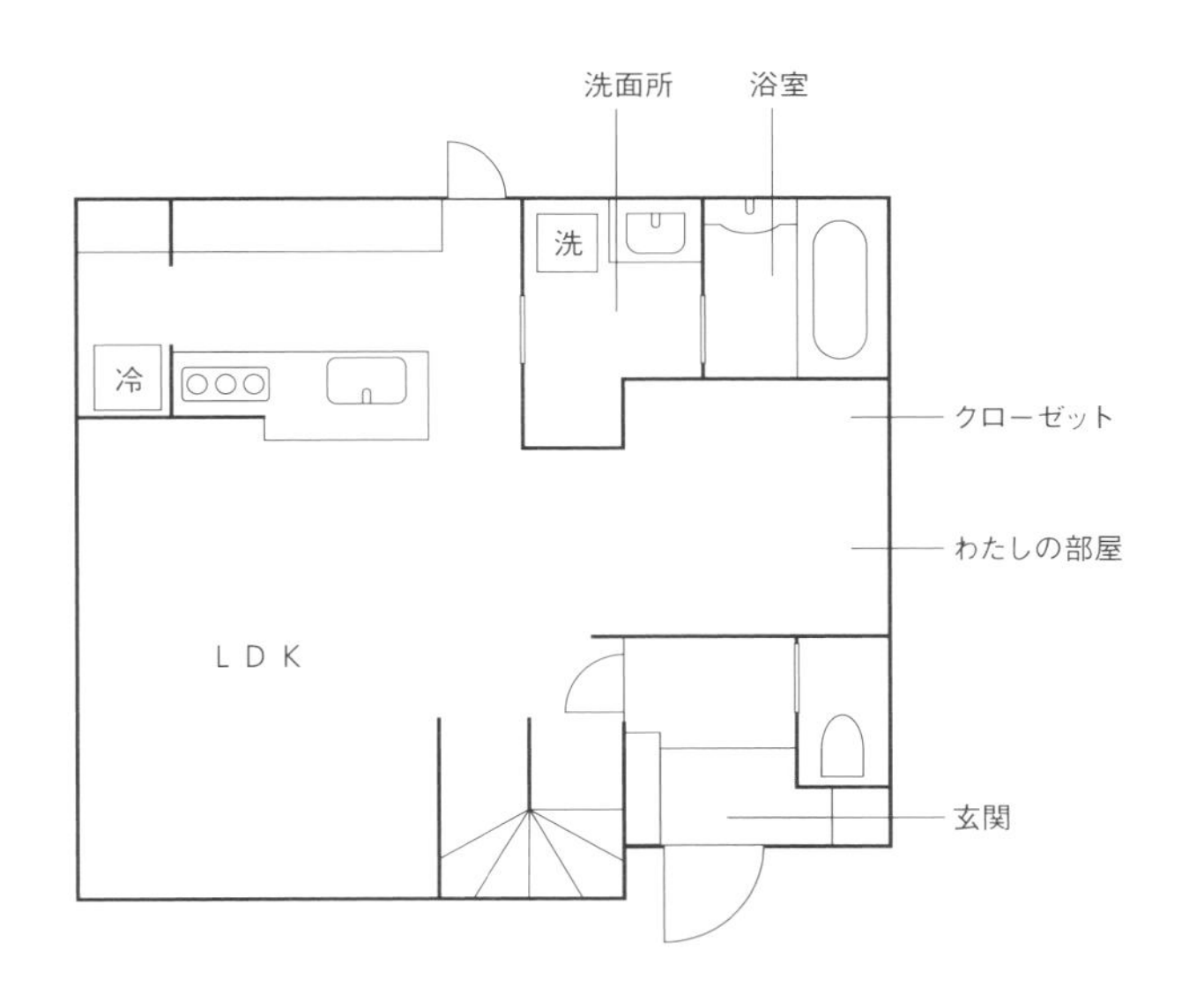

# 毎日の家事動線は数歩でも短く

家の中で、一番家事に費やす時間が長いのはキッチンです。キッチンは健康のための料理づくりの場所だけでなく、時間や気持ちも生み出すクリエイティブな場所でもあります。最近ではインテリアキッチンという言葉も耳にします。調理家電もおしゃれで機能性の高いものが増えていて、それらを置くことを加味してキッチンを考えるのが一般的にもなっています。

今回の家の間取りでは、リビングに入ると一番広い面積で目に入るのがキッチンの壁面になるので、インテリアも兼ねるわたし好みのキャビネットをオーダーすることにしました。オーダー家具は初めての経験でしたが、スペースを最大限に使って考えていただけること、手持ちの収納したいモノに合わせた大きさや形を提案していただけることのほか、部屋のイメージに合わせた色やパーツのセレクトができるのが魅力でした。生活感の出る炊飯器やゴミ箱を引き出しに収納できる細やかな配慮や、可動式棚の組み合わせがとても便利で気に入っています。また、面倒な食器の片づけをラクにするため、食洗機の対面に食器収納の引き出しがあり、一歩も動かず食器を片づけられるので家族も片づけてくれるようになりました。

日常的に使う食器は、このキャビネットの使いやすい2段の引き出しにまとめて入れています。引き出しの中は、「これはここ！」という場所を決めず、「大体お茶碗はこのあたりに置く」程度のゆるいルールにしています。食器は形がさまざまなので、決めた枠の中に収まっていればOK。休日など、時間に余裕があるときには、手洗いが必要な作家さんの食器を使うなどして、忙しい平日とは異なる食卓を楽しんでいます。

キッチン本体はパナソニックのものですが、大家族の我が家にとって、容量が大きいドイツのミーレの食洗機を以前からとても便利に使っていたので、「譲れない」ということで、オプションで変更してもらいました。ミーレの食洗機は幅が60センチあるので大きな鍋やボウルなども、熱めのお湯で一気に洗えます。またワイングラス用ラック、カトラリーラックなど国産の食洗機にはない使いやすい洗浄パーツがあるので入れやすく、かなりの時間節約になっています。キッチンは家族みんなが使う場所なので、動線を考えたモノの配置にし、感覚的にも探しやすく、ラベリングなどで誰にでもわかりやすくしておくことが、居心地のよいキッチンの秘訣に感じます。

上:食洗機と食器棚が対面なので、食器の片づけは一歩も動かずできる。
下:日常使いの食器はこの引き出しの中に。シンプル収納にしているので家族も迷わない。

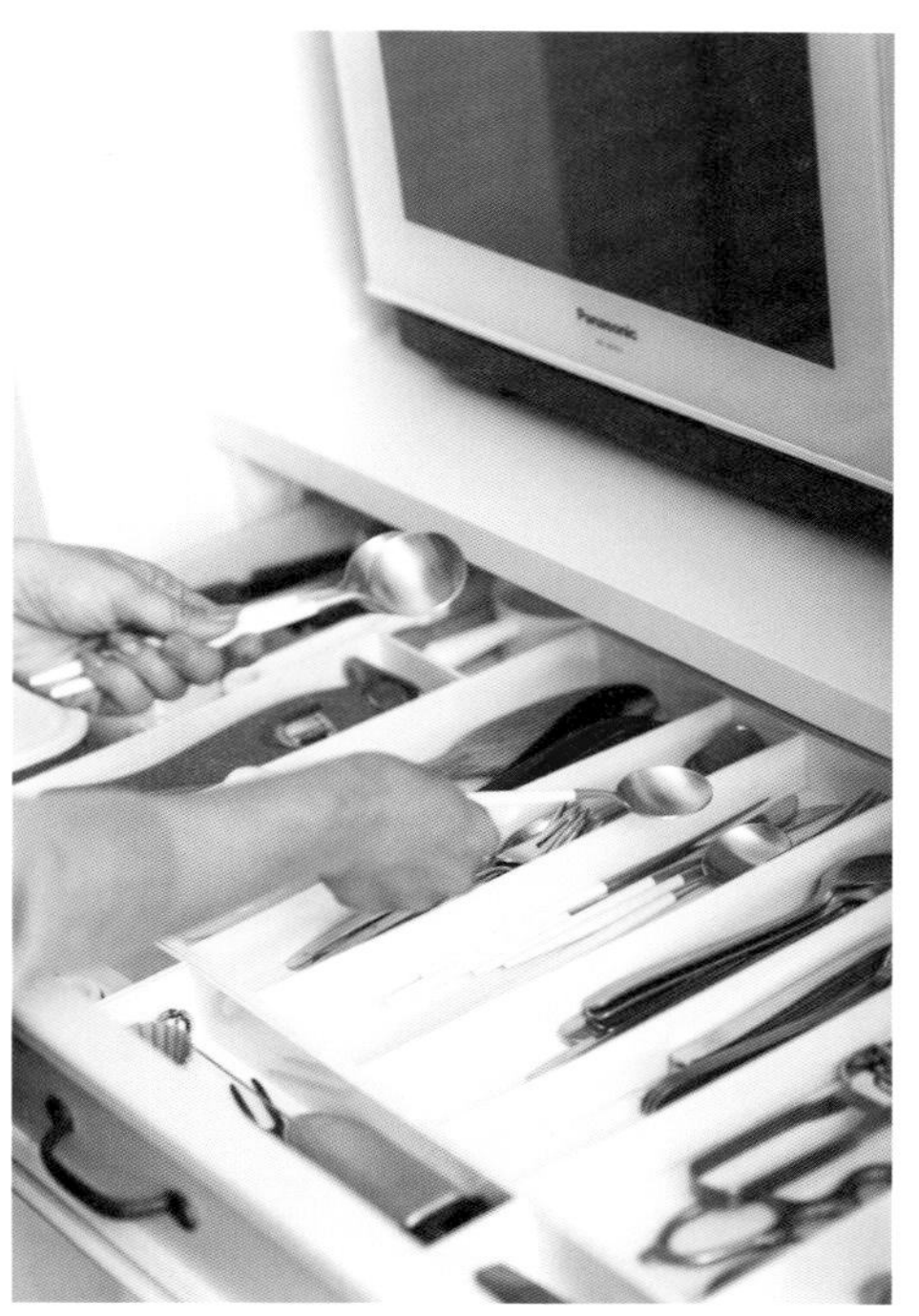

上:普段使わないカトラリーや細かなキッチンツールは引き出しにまとめて収納。
下:三兄弟のサポーター！一升炊き炊飯器はキャビネットのスライド収納に。

# 「やめる」ことを決める

主婦歴も長くなり、家事力が上がったというより、手放したことやモノが増えてきました。モノの量や持ち方によって、家事量が増えたり減ったりすることに気づいてからは、「これ、本当に必要？」と問いかけながら、それまでの当たり前も手放しています。

掃除に関係することだと、まず毎日、家中に掃除機をかけるのはやめました。洗面所は髪とほこりが気になるので、ダイソンの掃除機を壁掛け収納にしてすぐに使えるようにしています。ほかのスペースは週に2回ほど家庭用お掃除ロボットを使います。以前は、拭き掃除のロボットも使っていましたが、時間がかかるのと、男子と犬がいるので水拭きでは物足りなくなりやめました。今は、気になったところはアルコールで拭き、2週間に1回ほどスチームタイプの掃除機（ケルヒャー）をかけています。家庭用お掃除ロボットを使い始めてからは、玄関、キッチン、トイレに敷いていたマット類もエラーが出るので敷かなくなりました。お風呂マットは、人気の珪藻土タイプにしたことがありますが、薄汚れが気になることと足触りが好きになれなかったのでワッフル生地タイプの乾きやすいマットを使っています。

お風呂の蓋のデザインもいろいろ試してみましたが、せまいスペースでの扱いやプラスチックのぬめりやカビ掃除がストレスになり、お風呂の蓋をやめました。また、お風呂や洗面所のオリジナルの排水口パーツも手放しました。掃除で排水口カバーを取る時、汚れが怖くてドキドキするのがあまりにも嫌なので、ステンレスのネットで代用することに。常に見えて毎日忘れず掃除する方がよいと判断しました。

洗濯物を毎日、外に干すことをやめました。地域性もあるのか、とにかく時雨が多く、洗濯物を出したり入れたりと振り回されるのがストレスでした。乾燥機つきの洗濯機にしてからは、シャツや手洗いのもの以外は、乾燥まで終わらせるようにしています。天日干しをやめて乾く時間の終わりが見えるようになり、本当に助かります。

最後に「とりあえず」などネガティブな口癖をやめました。口癖は、自分の脳が一番聞いて行動に表われやすいと知ってから、思わず浮かんでも「口にしない」ことをトレーニング中です。当たり前と思っていたことやモノを「やめる」のは、誰に迷惑をかけるでもないのに勇気がいります。けれど、何年もストレスを感じているなら「やめる」を自分で決めればいいし、わたしはそれを「卒業」とポジティブに捉えています。

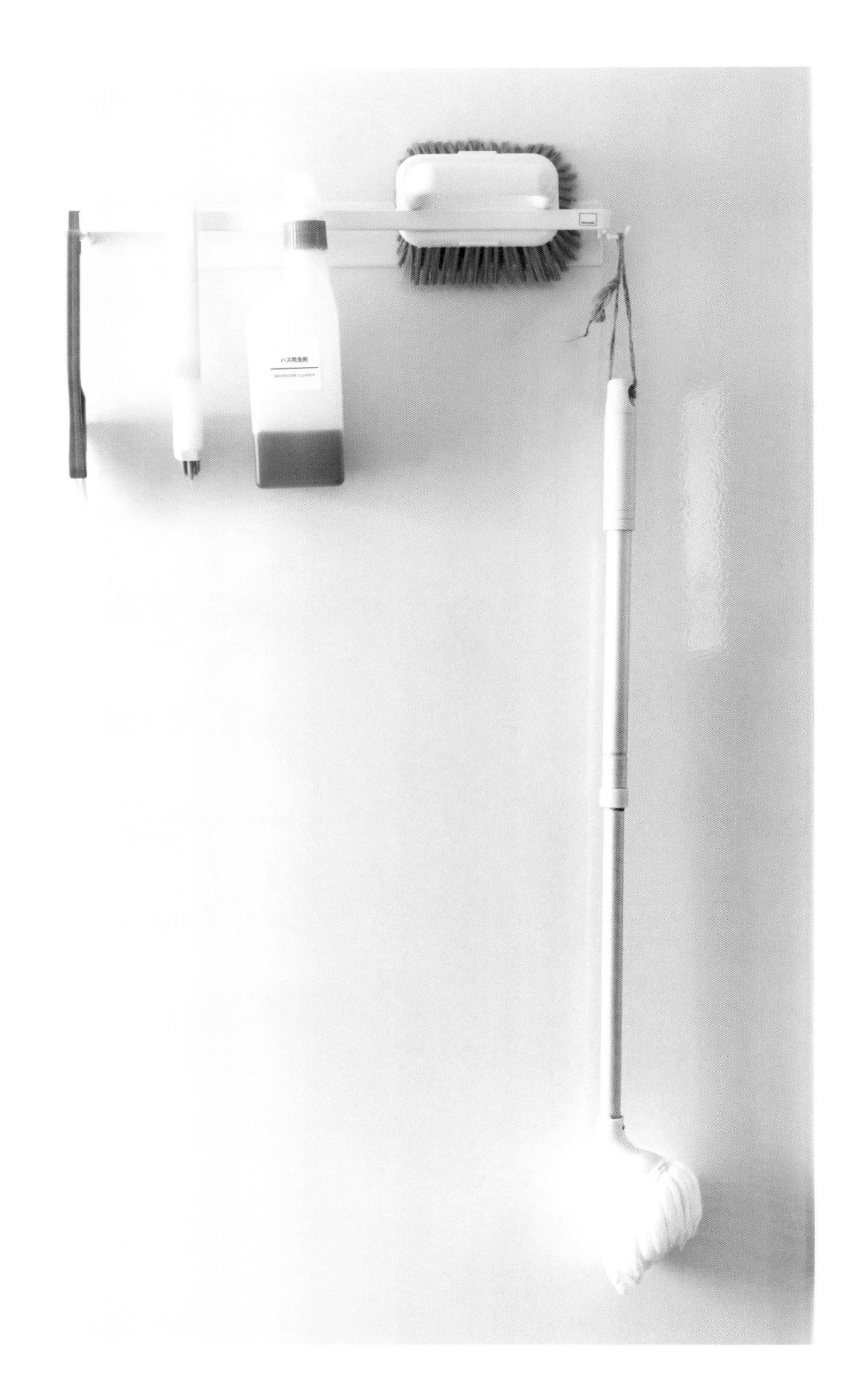
バス用洗剤

右：お風呂の掃除グッズは吊るして
空中収納。
左：カビやぬめりが気になるボトルは
ステンレスハンギングフックで吊り
下げ式。

左：お風呂の排水口は随時掃除を促
すために排水口網をシンプルな網に
替え、蓋も排除。
右：洗面台の排水口も掃除しにくい
ポップアップ式から網を置くだけに
変更。

# 日用品ストックは業務サイズを購入

わたしたちの暮らしに欠かせない日用品。日々新製品のコマーシャルを見かけますが、家の中には一体どれくらいの数があるのでしょう。選択肢が多すぎて、買い物をするのに苦労している人も多いのではないでしょうか。みなさんは、何かルールなど決めていますか？　最近の日用品は、業務用のような大きなサイズも増えたので買い物の頻度を減らすことはできますが、自分で運ぶには重かったり嵩高かったりして面倒です。わたしはほとんどネットショッピングで購入し、配達してもらっています。

我が家には室内犬が2匹いるので、ペットシーツなど数が必要なモノは毎月まとめて注文をしています。ほかにもトイレットペーパーは3倍巻きタイプ、ティッシュペーパーは箱なしを選ぶなどして買い物の回数や収納スペースを減らせるように、こだわりの定番品を決めています。

収納はというと、ペットシーツなどかなり大きなパッケージをすべて家の中に収納するのは難しいので、外に置いている物置を利用しています。なんでもかんでも家の中で管理しようと思わず、庭やベランダを利用することも考えてみましょう。避難グッズになるようなものであれば、車に保管しておくのもおすすめです。また、使用頻度の低いものは、「近所のお店も我が家のストック場所」と考えると、収納を工夫する必要もなく助かりますよ。

日用品の管理はなくなったらどうしようと不安になりがちなので、そうならないために、毎月1日に家中の消耗品パトロールをして補充、交換を習慣にしています。日程を決めたきっかけは、いつなくなるか不安だと、特売などの誘惑で何個も購入してしまったり、交換のタイミングが決まらず悩んでしまう自分がいたからです。キッチン手袋やスポンジ、洗面所とお手洗いの換気扇フィルターは、毎月交換すると決めてから、モヤモヤ悩むこともなくなり、その上〝きれい〟を保てるのがうれしいです。

昨年のコロナ禍以降は、新しい生活様式を家でも取り入れる必要が出てきました。我が家でも玄関にアルコール消毒やマスクを置くようになり、洗面所やお手洗いのタオルを紙製の使い捨てに変更しました。せまい玄関スペースにアルコール消毒を置く場所が見つけられず、DRAW A LINEのつっぱり棒収納を利用し、小さな台を設けました。つっぱり棒は横に使うと思い込んでいたので、斬新なアイデアに感激です。

左:玄関にDRAW A LINEの縦つっぱり
棒を設置して、せまい空間を活用。
上:コロナ禍では日常の風景となったアル
コールディスペンサーは玄関に設置。

嵩高い日用品のストックは外の物置に。
直射日光が当たらない場所にあるので、
季節によって食材も保管している。

# 来客5分前で片づく家

年齢を重ねてもお友達に「家でお茶しない？」と言える余裕を持ちたいと思っています。わたしにとって、人に家に来てもらうことは、パワーや刺激をもらえてリラックスできる素敵な時間。結婚してアメリカ暮らしを経験し、家に気軽に招待される楽しさやリラックス感が忘れられず、気がつけばお友達に「Ｈｉｒｏさんちはオープンハウスだから長居したくなる！」と、言われるまでになりました。もちろん、24時間いつでもどうぞとは言えませんが、来客5分前で片づく家を目指しています。

そのために一番つくってよかったのは、片づけが間に合わないモノを移動できる空の引き出しやスペース。我が家はダイニングテーブル横のチェストに、空の引き出しと、階段収納にスペースを確保しています。慌てて、箱や紙袋に入れてほかの部屋に移動させると、そのまま忘れてしまう可能性が高いのでおすすめしないことを経験上お伝えしておきます。また、日頃から自分の片づけレベルをつくっておくと、急な来客でも家の中が今どんな状態か把握できるので、頭の中で段取りがつけやすくおすすめです。

わたしはもともと片づけが得意ではないので、毎日完璧に片づけるというのは難しいです。そこで、日頃から自分が気になるポイントを優先し、片づけと掃除をする場所や内容を決めています。片づけと掃除はどの程度するかのレベルを3段階に分けて考えるようにしています。日常の1段階目は、掃除よりも片づけ優先。トイレ、洗面ボウル、キッチンシンクの掃除は、ニオイと菌が気になるのでスプレーして流すくらい。床掃除は朝食後か出かけている間、ルンバに任せます。

時間に余裕がある日は2段階目。引き出しの中や高い場所など普段は目をつぶっている場所を整え直し、拭き掃除や磨き掃除を足します。来客前は3段階目とし、いつもより「素敵」を目指して日常では出しっぱなしの生活感のあるモノを収納し、インテリアや話題になるモノを飾ったりします。家の状態が段階で把握できていれば、急な来客でもやるべきポイントが明確になり焦ることはありません。

自分の好きが集まっている家で、リラックスしたおもてなしができればお客様とよい時間を過ごせると思います。自分らしさを楽しめる家時間を紡ぐ心がけこそ、いつでもウェルカムな想いを持てるのではと思うのです。

上:「ちょっとお茶でもしていかない?」と言える暮らしのために5分で片づく家づくり。
左:気軽なおもてなしこそが、気楽なお付き合いを続けるコツ。

# 「お茶セット」コーナーがあると便利

忙しい日常のほっとひと息時間に欠かせないのが、家でのお茶タイムです。家族それぞれ飲みたいものが違ったりするので、ドリンクコーナーはセルフで準備しやすいようにしています。電子ケトル、コーヒーメーカー、エスプレッソマシーンは水を使うのでキッチンシンク近くの台に集め、その上部の扉の中に茶葉、茶器類を収納することで、ほとんど動かずドリンクの準備ができます。電子ケトルなどをシンクまわりに置いている人は多いかと思いますが、日常の器だけでなく、来客用のお茶セットもすべてシンクのそばに収納してしまうのがポイントです。

見た目がお気に入りの普段使いのマグカップは、オープンラックに飾る収納にしています。主に来客時に使う茶器は、5、6客セットのものが多いので、種類ごとにイケアのボックスにまとめて食器棚に収納しています。各ボックスには「信楽焼」など焼き物の種類がわかるようにラベルを貼り、相性のよい茶托も一緒に入れているので、使う時はボックスごと食器棚から作業スペースに下ろすだけ。このワンアクションで手元に器が揃うのはとても便利です。来客が多いときでも、ひとつひとつを棚から出す手間を省けるためスムーズに準備ができます。

コーヒーや紅茶のカップ&ソーサーもボックスに「コーヒー用」「紅茶用」とラベリングすることで、来客時のお茶準備に悩まなくなったと家族にも好評です。また、友人たちとの持ち寄りパーティをするときには、茶器の入ったボックスを並べて置くだけで各自好きな器を自由に使っていただけて、おもてなしもスマートです。

食器の棚収納は、奥にあるものの取り出しや把握が難しく、手前のものしか使えないことになりがちです。食器棚の奥行きに合わせたボックス収納にすると、個別に入れるより無駄なスペースを取らず、一度に奥のものまで取り出せるメリットがあります。さらに、オープンキッチンの場合は、食器棚の扉を開けるとダイニングから扉の中が丸見えになりますが、ボックス収納にしておくと雑多な感じは見えず(写真128ページ)。安心して扉を開けることができ、来客時のおもてなしに余裕が生まれます。

右ページ:シンクの対面にある棚にお茶セットを収納。ケトルなども手元にあり動かずに準備できる。
右:奥にあるものが取り出しにくい棚収納の難点をボックス収納で解決。

上:来客用などの茶器セットは種類ごとにまとめてあり、ボックスひとつを取り出すだけ。
下:しまう時もボックスに入れて棚に戻すだけ。片づけがラクだと家族にも好評。

# 苦手な家事時間を楽しく過ごす方法

実は、いまだに家事や片づけが面倒なわたしです。簡単に片づけられる仕組みをつくっていても、「先にカフェオレ飲んでゆっくりしてから、片づけよう」と、後回しにする自分を卒業できません。もちろん、「後からしよう」と先延ばしにしても、やることが未来に増えただけで得策ではありません。片づけることが当たり前の感覚の人は、「後から」という選択肢が浮かぶ前に片づけてしまうそうです。

長年の自分の思考の癖というのは、なかなか変えるのが難しいと悩んでいたある日、この「後から」と思う家事にはどれくらい時間がかかるのだろうと思い、時間を測ってみました。「食洗機から食器を食器棚に戻す時間」「洗濯物を畳む時間」とスマホのストップウォッチを使って測ってみると、ほとんどの家事が自分の想像よりも短時間で済むことがわかりました。普段、イヤイヤしているためにダラダラして余計に時間がかかっていたのかもしれません。「この家事は○分で終わる」ということがわかると、「○分だけがんばろう！」と自分を鼓舞できるようになりました。家族にも、「○○やっておいて」より「○分で終わるからお願い！」と伝えると嫌そうな顔をされない気がします。人は、終わりが見えるとやろうかなと思えるようです。

片づけたい理由としてよく言われる「モノを探さない家にしたい」というのも、結局は探すという無駄な時間を減らしたいということ。以前、わたしが担当した小学生親子向けの片づけ講座で、子どもたちに毎日の探し物時間を計算してもらいました。1日たった5分でも1年にすると30時間を探す時間に使っていることに、子どもたちもショックを感じたようです。同じ5分の過ごし方を、モノを探してイライラしながら使うのと、未来の自分が困らないために片づけるのとでは、価値が何倍も違います。

ライフオーガナイズの整理術では時間管理も大事にするため、1日24時間という枠の中で、仕事など自分の意思でコントロールできない時間と、自分でコントロールできる時間を分けて行動選択するようになりました。コントロールできる時間の中で「やるべきこと」と「やりたいこと」の両方が叶えば1日の満足度が上がります。片づけは「やるべきこと」だと思いがちですが、「お気に入りのアートを美しく見えるようにするために片づけたい」ととらえると「やりたいこと」になります。同じ家事でもとらえ方により満足度が変わるので、メリットや楽しみに変換しながら時間を使いたいものです。

「今日はここまで」と家事時間を決めると、効率よく家事をするよう意識できる。

未来の自分のために、効率よく家事ができる仕組みをつくりましょう。

# 労力を節約して、家事時間を短縮

収納スペースの節約のために、嵩の高いモノを圧縮して収納する方法がありますが、わたしは冬物で半年使用しないものは「預かりクリーニング」をお願いしています。そうすれば、年間を通して家の中で使えるスペースが増える計算です。冬の羽毛布団は嵩高く、わたしが喘息持ちでもあるので、ダニ対策にもなる布団丸洗い後、秋まで預かってもらっています。今の家に引越ししてからは、以前よりも収納スペースが少ないので、夫婦のダウンジャケットとコートも同じく預かりサービスを利用することにしました。

「名もなき家事」という言葉が流行りましたが、家仕事には名前をつけるほどではないけれどやるべき雑務がたくさんあります。布団のカバー交換も、便利な紐つきカバーなどを利用していますが、意外に手間も時間もかかるので、家族を巻き込むようにしています。嫌な家事は、家族も一緒にするとコミュニケーション時間にもなり、早く終わるので助かります。

ストレングスファインダー（強み発掘）や自分をオーガナイズしていく中で、自分の人生は有限なので、自分の得意分野では社会に貢献する、苦手分野はそれが得意な方に委ねようと思えるようになりました。苦手な家事も苦行と思い嫌々やるくらいなら、得意な人やプロ、マシーンに任せることで、時間もご機嫌も得られます。掃除はわりと爽快感を感じるので好きですが、家庭用お掃除ロボットも利用しています。買い物に行っている1時間の間中ずっと掃除機をかけてくれるなんて、子どもにいくらお小遣いを渡してもやってくれません。食料品のお買い物も、週に1回の生協の宅配を利用して、スーパーの往復時間や労力の節約をしています。

今までは、とにかく自分の家事時間を短くするための仕組みやアイデアを工夫する「時短」を優先してきましたが、最近は家事を手放し、うまくアウトソーシングすることで自分の時間をつくり出す「時産」という考えが増えてきているように思います。便利な世の中になっても、自分の手をかける丁寧な生活に憧れもあり大事だなと思うのですが、できる時もあれば、できない時もある。自分のご機嫌は自分で責任を持てる人でありたいので、さまざまなことを臨機応変に選べる広い視野を持ち、どんな選択をしてもいいと思えることが自分の環境づくりにつながっていくと思うのです。

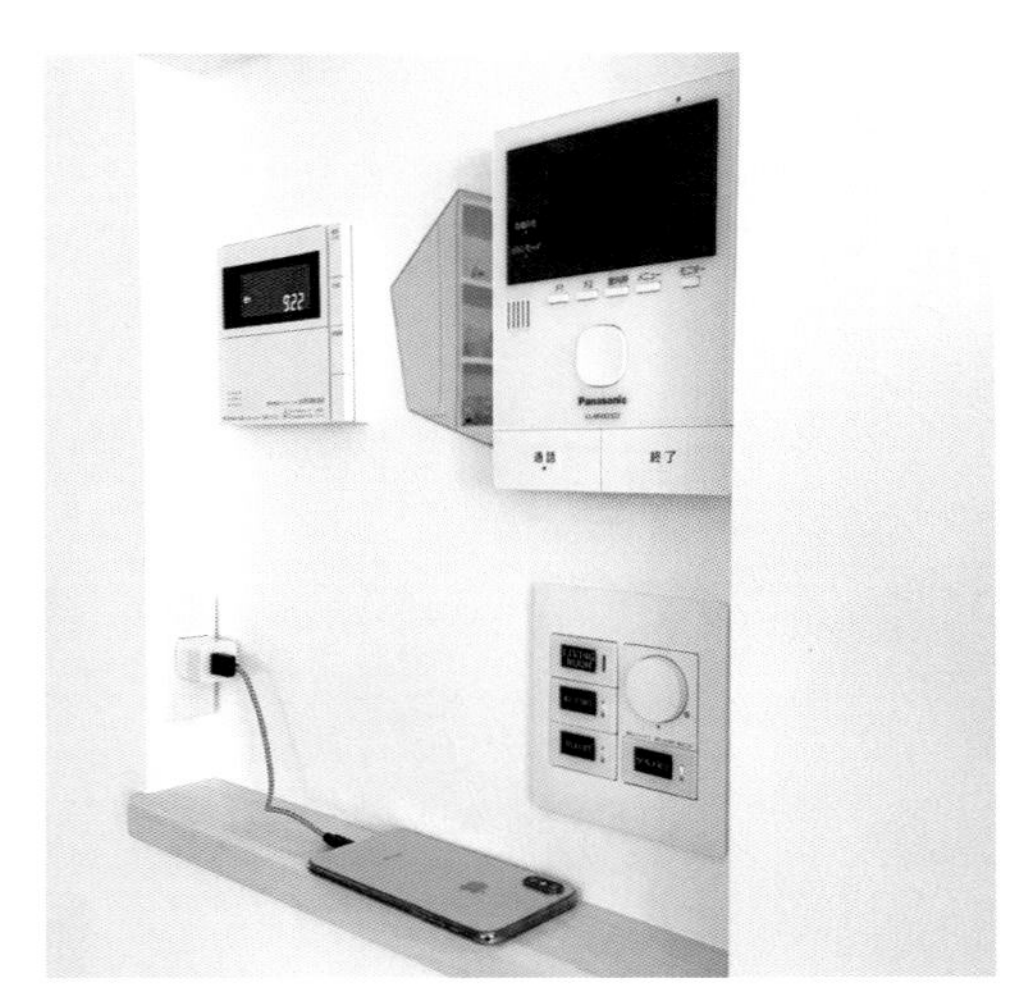


上:どこに設置しようか迷って、適当な場所になりがちなWi-Fi。冷蔵庫の上に棚板が設置できたので、その上をネット環境ステーションに。下:我が家のスマホ充電ステーション。

# 生活必需品を上手に隠す方法

生活必需品にも、頻繁に使うものとそうでないものがあります。頻繁に使う上に存在感の大きなモノといえば「冷蔵庫」です。

冷蔵庫の設置場所はキッチンについて考える上では欠かせません。我が家では、キッチンの一番奥、ＩＨコンロの真横に設置しました。パントリーの正面の位置です。ダイニングからのアクセスは良くないですが、冷蔵庫の存在感を消すこと、そして開閉時にリビングから中身が見えないようにしたかったからです。

一般的な冷蔵庫の高さでは冷蔵庫と天井の間に、意外に広い空間がぽっかりできるので、なにかの収納場所に使いたいと思うのですが、取り扱い説明書によると放熱を遮るので、直接ものを置くことができません。そこで我が家は天井との間に棚を作り、今や生活に欠かせないネット環境ステーションにしました。

インターネットの普及によりＷｉ-Ｆｉなどネット環境を整える機器を設置する場所

が家の中に必要ですが、機械や配線コードは目障りで設置場所に悩みます。パソコンを使用するデスク周りに置いている人も多いですよね。このような機器は、一度設置してしまうと、ほとんど触ることがないので、できれば目立たない場所に置きましょう。かといって、扉の中などに隠すのは電波が届きにくく推奨されていないので、死角となる場所を利用するのがおすすめです。

またスマホの充電場所として、リビングとキッチンの間の壁にスイッチニッチをつくり、ニッチの奥行き5センチの壁面にコンセントを設置しています。職人泣かせな場所だと言われましたが、ニッチの正面からはコンセントが見えず、使い勝手も優れています。ケーブル類は生活感が出るので充電ボックスなどに隠す方が増えていますが、実は、ケーブルが無駄に長いということも多いので、使う場所によってケーブルの長さを意識して使うのがおすすめです。多くの商品が50センチ以上ですが、それより短いものも購入できます。我が家のニッチで使っているのは20センチのタイプです。ちなみにケーブルが短い方が、充電時間は早いとのことです。

生活必需品は、便利で欠かせないものだからこそ自分の暮らしにうまく馴染ませ、つき合いたいものです。

# 自分に合う仕組みづくりとは？

我が家を含めた事例を紹介してきましたが、暮らしやすい仕組みの鍵となるのはやはり、がんばらず、穏やかな気持ちで行動できる家事動線のある仕組みづくりです。家事動線が大事とわかっている人は多いのですが、単に「人の動き」だけでなく、ついモノを置いてしまう場所、自然に視界に入る場所を見つけ、そこに家事のタネをまいておくことが、結果的に家族みんなにとってのよい家事動線といえるのではないでしょうか。

戸建て住宅の悩みでよくある「2階の部屋に持って上がるのが面倒な服問題」。我が家では階段を上がるついでに気づくよう、階段の電灯のスイッチ近くに折り畳み式のフックをつけて、持って上がるモノを掛けておける仕組みにしておき「気づく↓行動する」の流れを自然につくっています。

以前、生活感を隠した暮らしに憧れて掃除道具を隠す収納にしていたら、掃除の頻度が減ることを自覚しました。今は、お風呂の扉を開けてすぐ右側の壁面に、掃除道具を吊る収納にしているので、「あ！　今、やっておこう」となります。視界に入りやすい場所に優先順位の高い家事道具を配置することは、行動を後押ししてくれます。

家の中には、スペースの割に収納したいモノが多い場所があります。我が家では年中洗濯に追われる子どもの部活ウエアを収めるために、洗面所に引き出し収納を多く用意しました。自分の部屋で管理してもらっていたときは、「あれどこ行った？」と、聞かれるたびにストレスを感じていたのですが、洗濯機と収納を同じ空間にまとめたことで、質問されることもなくなり「探す手間や時間」がなくなりました。今は、引き出し3つを占領されていますが、それもあと数年のことと割り切っています。

洗濯した後、行方不明になりやすかったスニーカーソックスやフットカバーは、専用のグッズを使うことで行方不明にならず、デザインの判別もしやすくお気に入りです。基本的に、限定的にしか使えないグッズはおすすめしませんが、悩んでいることを実際に解決してくれる商品は、積極的に取り入れるのも家事をラクにするコツです。

片づけて暮らしを整えるということは、毎日、いえ、一生繰り返されていきます。家の仕組みは、一度つくったら終了ではなく、ライフステージによって変化させないとうまくいきません。「行動を変えられない自分や家族」を嘆くより、「できる行動を探すこと」、そして迷ったときは、「今、わたしが叶えたい暮らし」に立ち返るのが解決への近道です。

左:洗面所は可動棚と引き出し収納を組み合わせ、洗濯頻度の多い部活衣類も収納。

右:お風呂掃除グッズは扉を開けると目に入る場所につる吊る収納。左上:階段の上がり口、スイッチの上に折り畳みハンガーフックを設置。2階に持っていく服を掛けておける。左下:人気のスニーカーソックスは専用グッズで行方不明防止。

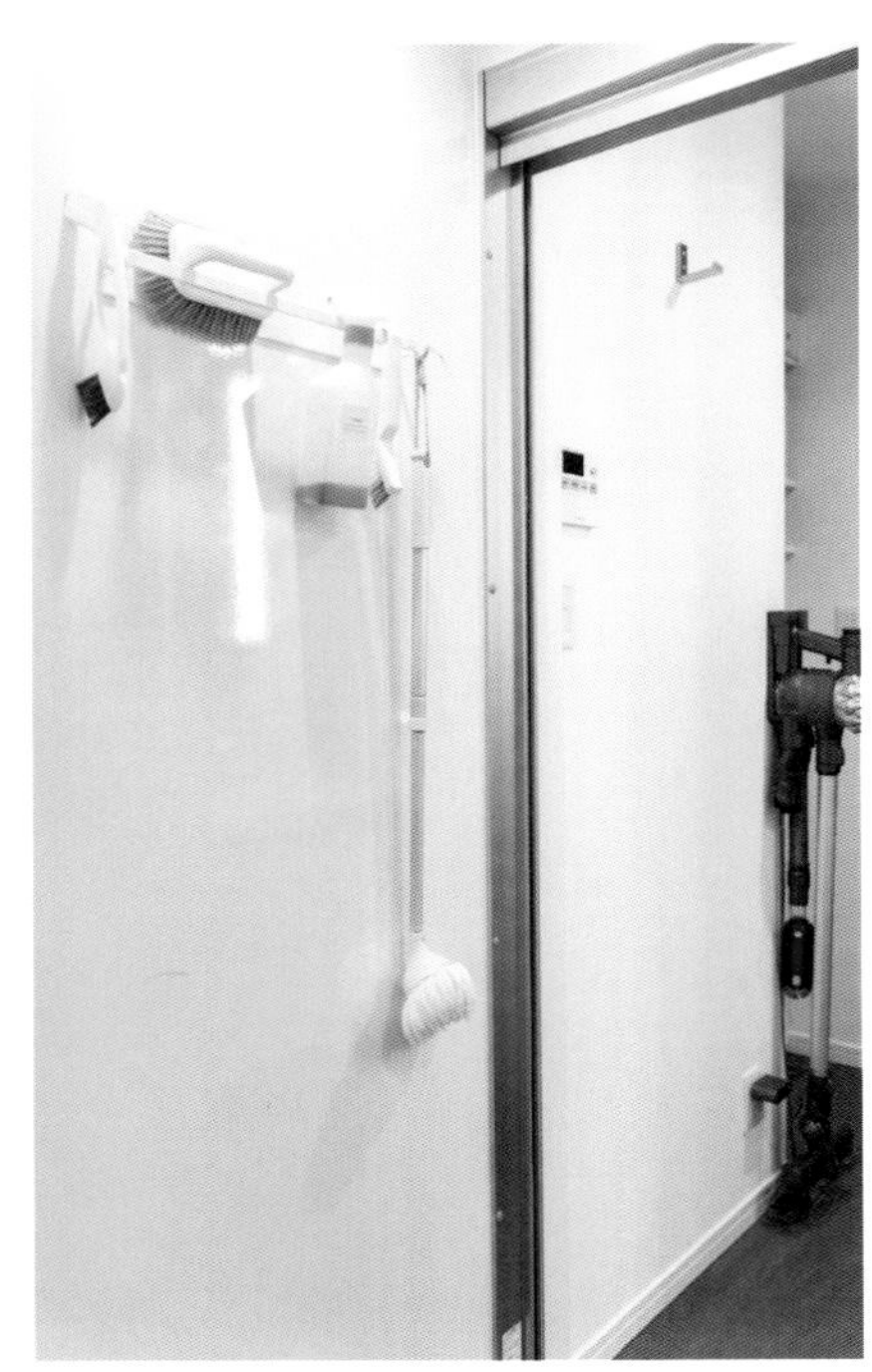

# おわりに

2020年春からの日々では、未来など誰にも予測できないのだと実感させられました。当たり前の日常が書き換えられる喪失感を感じながらも、家での過ごし方で十分なしあわせを感じられることに気づけた人も多いのではないでしょうか？

ライフオーガナイザーとして、多くの方の家で片づけ作業を経験し、また講座も開いてきました。そこでお悩みを聞くと、みなさんが「昔はこうじゃなかったのに」とおっしゃいます。生活をしていると、家の中にはモノが雪だるま式に増えていくのに、私たちの日常は忙しく、家事に使える時間は減っているので、片づけられない自分を責めても仕方ありません。

この本を書きながら、タイトルでもある「わたしに合った片づけができる仕組みづくり」とは「家族の笑顔を増やすプロジェクト」なのだとあらためて思いました。自分の家なのですから、誰に気兼ねすることもなく、生活実験と思い、楽しんで行動していただければ、必ずあなたに合った仕組みは作れます。

早く片づけられると、自分の好きなことをする時間が増えます。
簡単に片づく仕組みは、家族の家事力が上がります。
片づけやすい仕組みができると、自己肯定感が少しあがります（笑）。

良いことずくめ、やるしかありませんね！　少しでも、ラクな暮らしが叶いますように。

はじめての著書を出版するにあたり、丸一年間、細やかに伴走してくださった編集者の角田多佳子さん、そしてコンパクトな家の撮影に苦労をかけたカメラマンのかんばやしちあきさんには感謝申し上げます。また、応援してくれた家族や友人たちにも御礼を申し上げます。そして、いつもブログ、インスタ、ラジオなどで応援してくださるみなさまにもありがとうを伝えさせてください。
最後になりましたが、この本があなたの暮らし改善の後押しとなれば幸いです。

2021年4月　　　　　　中里　ひろこ

**中里ひろこ** Hiroko Nakazato

Graceful Life代表。クローゼットオーガナイザー。日本ライフオーガナイザー協会認定講師。京都生まれ。大学卒業後、大学職員として勤務。結婚後は専業主婦として、二世帯同居、海外生活など7度の引越しを経験。住まいや環境が変化する中で3兄弟の子育てに追われ、日々「片づかない家」にストレスを感じていた時にライフオーガナイザーという資格に出合い、資格を取得。自分や家族の〝今〟に合わせた「コレならできる! 暮らしの仕組み」を指南するセミナーと個人レッスンを2011年より開講。「家族の好きを集めた集合体がマイホーム」をテーマにした、無理をしない片づけ術が好評で、テレビ、雑誌に取り上げられている。

撮影：かんばやしちあき　ブックデザイン：albireo

**わたしに合(あ)った「片(かた)づけ」ができる仕組(しく)みづくり**

2021年 5月11日　第1刷発行

著者　中里(なかざと)ひろこ

発行者　鈴木章一

発行所　株式会社講談社
〒112-8001 東京都文京区音羽2-12-21
販売　TEL 03-5395-3606　業務　TEL 03-5395-3615

編集　株式会社講談社エディトリアル
代表 堺 公江
〒112-0013 東京都文京区音羽1-17-18 護国寺SIAビル6F
編集部　TEL 03-5319-2171

印刷所　大日本印刷株式会社

製本所　株式会社国宝社

定価はカバーに表示してあります。


ISBN978-4-06-522966-8